Veröffentlichungen der Vereinigung
der Handelsrechtslehrer Deutscher Hochschulen

Heft 1

Bericht

über die erste Tagung der Vereinigung in Berlin am 7. und 8. März 1927

Mit Beiträgen von

Ernst Heymann · Hans Wüstendörfer
Otto Schreiber · Arthur Nußbaum

Berlin und Leipzig 1928

Walter de Gruyter & Co.

vormals G. J. Göschen'sche Verlagshandlung — J. Guttentag, Verlagsbuchhandlung — Georg Reimer — Karl J. Trübner — Veit & Comp.

Inhalt

Seite

I. Sitzungsbericht 5

II. Ernst Heymann, Das Handelsrecht und die deutschen Universitäten 11

III. Hans Wüstendörfer, Die kommende Reform des deutschen Seerechts 18

IV. Otto Schreiber, Grundgedanken zum System eines künftigen Handelsrechts 41

V. Arthur Nussbaum, Über Goldklauseln und ähnliche Abreden zur Minderung des Valutarisikos 59

VI. Satzungen der Vereinigung 64

Erste Tagung der Vereinigung der deutschen Handelsrechtslehrer am 7. u. 8. März 1927

in Berlin (Senatssaal der Universität).

Teilnehmer waren die folgenden Herren: Bruck-Hamburg, Burchard-Frankfurt a. M., J. Breit-Dresden, V. Ehrenberg-Leipzig (Göttingen), Eckhardt-Göttingen, Flechtheim-Berlin, Geiler-Heidelberg, v. Gierke-Göttingen, Giesecke-Rostock, Göppert-Bonn, Haff-Hamburg, Heymann-Berlin, Hueck-Jena, Jacobi-Münster i. W., Klausing-Frankfurt a. M., Langen-Greifswald, Locher-Erlangen, H. Meyer-Göttingen, Mitteis-Heidelberg, Molitor-Leipzig, Müller-Erzbach-München, Naendrup-Münster i. W., Nipperdey-Köln, Nußbaum-Berlin, Pappenheim-Kiel, Planitz-Köln, Ruth-Halle, Sänger-Frankfurt a. M., Schmidt-Rimpler-Breslau, Schönfeld-Greifswald, Schreiber-Königsberg, Weyl-Kiel, Wüstendörfer-Hamburg. Die Herren Breit und Klausing konnten erst am zweiten Verhandlungstage teilnehmen.

I. Am ersten Tage eröffnete Herr Heymann-Berlin die Versammlung, begrüßte die Erschienenen, gab im Anschluß an seinen unten wiedergegebenen Begrüßungaufsatz in der Festnummer der Juristischen Wochenschrift einen kurzen Überblick über die Ziele der Vereinigung und dankte dann noch dem Rektor der Universität Berlin, Herrn Geheimrat Professor D. Heinrich Triepel, für die freundliche Überlassung des Senatssaales.

Herr Triepel begrüßte darauf als Hausherr die Erschienenen und wünschte den Beratungen guten Erfolg. Er betonte in seiner mit großem Beifall aufgenommenen Ansprache, daß das Handelsrecht heute unter den privatrechtlichen Materien das stärkste Leben zeige, die meisten wissenschaftlichen und gesetzgeberischen Probleme aufweise und am meisten Initiative entwickle. Er glaube, nach den Erfahrungen der Staatsrechtslehrervereinigung, daß gerade auch für das Handelsrecht die Vereinigung der Hochschullehrer sich besonders fruchtbar und förderlich erweisen werde.

Herr Heymann dankte für diese Begrüßung und übernahm im allseitigen Einverständnis den Vorsitz.

1. Der Vorsitzende schilderte hierauf die Vorgeschichte der Vereinigung. Bei Gelegenheit der Tagung des Deutschen Juristentages haben am 14. September 1926 die Herren Feine-Rostock, Geiler-Heidelberg, Giesecke-Rostock, Heymann-Berlin, Hueck-Jena, Klausing-Frankfurt a. M., Nipperdey-Köln, Nußbaum-Berlin, Planitz-Köln, Ruth-Halle, Schreiber-Königsberg, Wüstendörfer-Hamburg, denen sich Müller-Erzbach-München am folgenden Tage anschloß, eine Vereinigung von Hochschullehrern des Handelsrechts begründet und die Herren Heymann, Nußbaum und Nipperdey zum vorläufigen Vorstande gewählt. Man war sich einig, daß dazu alle auf dem Gebiete des Handelsrechts wissenschaftlich tätigen Hochschullehrer herangezogen werden sollten, daß die Vereinigung sich von politischen Erklärungen und von Personalfragen bei Stellenbesetzungen usw. fernhalten solle und das größte Gewicht darauf lege, in enger Fühlung mit der Wirtschaft zu arbeiten. Auf Grund einer in Köln aufgestellten Liste ergingen an 56 Herren Einladungen zur Teilnahme an der heutigen Tagung. Fast alle Eingeladenen haben die Gründung begrüßt und sich als Mitglieder angeschlossen, auch soweit sie nicht persönlich zur ersten Versammlung erscheinen konnten. Nach Aufruf der Anwesenden erfolgte:

2. die Beratung der Statuten auf Grund eines gedruckten von dem vorläufigen Vorstande ausgearbeiteten Entwurfs. Es wurde zunächst im Anschluß an § 1 dieses Entwurfs die Frage besprochen, ob die Vereinigung als Rechtslehrer-Vereinigung oder als gelehrte Gesellschaft für Handelsrecht gestaltet werden solle, so daß im letzteren Falle neben einem Kreise von Hochschullehrern auch angesehene Praktiker als Mitglieder aufgenommen werden sollten. In einer langen Diskussion, an der sich die Herren Ehrenberg, Flechtheim, Müller-Erzbach, Pappenheim, H. Meyer, Planitz, v. Gierke, Haff, Schreiber, Schmidt-Rimpler und der Vorsitzende beteiligten, kam man schließlich überein, grundsätzlich bei dem schon in Köln zugrunde gelegten Gedanken einer Vereinigung nur der Hochschullehrer zu bleiben und insbesondere die Beratungen der hochschulpädagogischen und ähnlichen akademisch-berufsmäßigen Fragen auf diese zu beschränken. Dagegen sollen mit Rücksicht auf die gerade im Handelsrecht besonders wichtige wissenschaft-

liche Mitarbeit hervorragender Praktiker nach freiem Ermessen des Vorstands für die wissenschaftlichen Beratungen einzelne geeignete Herren im Einzelfall oder allgemein eingeladen werden. Es ist dabei an die Zuziehung angesehener juristischer Praktiker des Handelsrechts, aber auch an akademische Vertreter anderer juristischer Disziplinen, an Nationalökonomen, Betriebswirtschaftler, Vertreter der Fachpresse usw. gedacht. Diese Herren haben an den hochschulpädagogischen und ähnlichen Fragen nicht das gleiche Interesse wie die Hochschullehrer, ihre Teilnahme an den wissenschaftlichen Erörterungen wird aber von hohem Werte sein, so daß damit die organische Verbindung der handelsrechtlichen Hochschullehrer mit den anderen Wissenschaftszweigen sowie mit der Praxis in einer des Ausbaues fähigen Weise hergestellt ist. Aus diesen Erwägungen heraus wurde mit allen gegen zwei Stimmen ein § 2a dem Entwurfe hinzugefügt, welcher lautet: „Der Vorstand kann außerdem einzelne geeignete Herren zur Teilnahme an den fachlichen Beratungen für den Einzelfall oder allgemein einladen.“

Auf Anregung des Herrn Ehrenberg wurde konstatiert, daß auch die deutschen Hochschullehrer Österreichs sowie seiner Nachfolgestaaten und der Schweiz hinzugezogen werden sollen, wie an solche Herren auch schon Einladungen ergangen waren.

Nach längerer Debatte, an der sich die Herren Molitor, Schreiber, Mitteis, Hueck und Müller-Erzbach beteiligten, wurde beschlossen, die Hochschullehrer des Gewerbe- und Arbeitsrechts als solche nicht als Mitglieder aufzunehmen, um den Aufgabenkreis nicht zu sehr zu erweitern. Doch wurde ein Zusatz zu § 3 beschlossen, in dem noch einmal ausdrücklich hervorgehoben wurde, daß als Vortragende auch Vertreter anderer Zweige des Rechts, der Wissenschaft, Presse usw. geladen werden können.

Im Anschluß an die in das Statut aufgenommene Bestimmung, daß die Vereinigung in besonderen Fällen auch in gesetzgeberischen Fragen des Handelsrechts nach außen Stellung nehmen kann, wurde betont, daß in erster Linie wissenschaftliche Ziele verfolgt werden sollen. Abgelehnt wurde mit allen gegen zwei Stimmen ein Antrag in § 6 Abs. 2 der Statuten (welcher lautet: „Im Falle einer öffentlichen Kundgebung müssen die Namen der zustimmenden Mitglieder unter das Schriftstück gesetzt oder darin genannt werden“) zu den Worten „Namen der zustimmenden Mitglieder“ den Zusatz

„oder Gäste“ einzufügen, so daß die Gäste derartige Erklärungen nicht mitabgeben sollen.

3. Es wurde schließlich beschlossen, die Verhandlungen der einzelnen Tagungen zu veröffentlichen und dem Vorsitzenden die näheren Vereinbarungen mit der Verlagsbuchhandlung zu überlassen. Die von der Juristischen Wochenschrift veranstaltete Festnummer zu der Tagung (Nr. 10 und 11 1927) wurde mit Dank begrüßt.

4. Der jährliche Mitgliedsbeitrag wurde auf 10 Mark festgesetzt.

5. Hierauf hielt Herr Wüstendörfer den unten abgedruckten Vortrag: „Die kommende Reform des deutschen Seerechts.“ An der kurzen, durchaus zustimmenden Diskussion beteiligten sich die Herren Ehrenberg, Pappenheim und Müller-Erzbach.

Nachdem ein gemeinschaftliches Frühstück in den Räumen der Deutschen Gesellschaft eingenommen worden war, hielt

6. Herr Schreiber den unten abgedruckten Vortrag: „Gedanken zum System eines künftigen Handelsrechts.“ Über die eingehende Diskussion ist unten berichtet.

7. Auf Antrag des Herrn Ehrenberg wurde sodann der bisherige Vorstand, bestehend aus den Herren Heyman, Nußbaum und Nipperdey wiedergewählt. Schließlich regte Herr Pappenheim an, das Justizministerium aufzufordern, Erhebungen über die gegenwärtigen Abweichungen des geschriebenen vom tatsächlich lebenden Handelsrecht anzustellen, ferner regte Herr Mitteis an, die Handelskammern und die Handelspresse zu bitten, die Fakultäten auf Wunsch mit Tatsachenmaterial zu versehen, und Herr Flechtheim teilte mit, daß der Rechtsausschuß des Industrie- und Handelstags bereit sein würde, im Einzelfall Material zu beschaffen.

II. Am zweiten Tage mußte leider der Vorsitzende mitteilen, daß das geplante Referat des Herrn Handelsredakteurs Bruno Buchwald über die „Organisation der Handelspresse“ wegen plötzlicher Erkrankung des Referenten nicht stattfinden konnte. Statt dessen hielt Herr Nußbaum ein Referat über „Goldklauseln und ähnliche Abreden zur Minderung des Valutarisikos“, von dem ein Auszug unten wiedergegeben ist.

Nach einem Schlußwort des Vorsitzenden mit dem Ausdruck der Hoffnung, daß die Vereinigung aus ihren heutigen schlichten Anfängen zu künftiger Größe wachsen möge und mit Dank an die Vortragenden und Erschienenen, sprach Herr Pappenheim den Dank der Versammlung an den Vorsitzenden aus.

Um 11 Uhr begann dann die Führung durch die Dresdener Bank.

Nach Begrüßung der an der Besichtigung teilnehmenden Herren durch die Herren Vorstandsmitglieder Direktor Gutmann und Direktor Kleemann erstattete Herr Direktor Rapmund Bericht über das Wesen, die Einrichtungen und den Umfang des genossenschaftlichen Giroverbandes der Dresdner Bank. Hierauf gab der Leiter der Organisationsabteilung, Herr Direktor Peßler, einen kurzen Überblick über die Organisation der Dresdner Bank, speziell über die im Betrieb zur Anwendung gelangenden Maschinen. Er wies vor allem auf die durch die Anwendung von Maschinen möglich gewordene Abstimmung sämtlicher toten Konten am gleichen Tage und die automatischen Kontrollen hin.

In dem sich anschließenden Rundgang wurde die Börsenabteilung gezeigt und in kurzen Worten die Bearbeitung der einlaufenden Börsenaufträge geschildert. Hierauf wurden das Scheckbureau, das Wechselbureau und die Devisenabteilung und die in diesen Bureaus aufgestellten Maschinen besichtigt. Besonderes Interesse fanden die in dem Chefkabinett sowie den Händlerzimmern des Devisenbureaus bestehenden telephonischen Einrichtungen, die neben einer automatischen Anzeige der bestehenden Auslandsgespräche dem Devisenchef und seinen Vertretern die Möglichkeit geben, sich zu jeder Zeit in die geführten Gespräche einzuschalten. Nachdem die Haustelephonanlage sowie die postalischen Fernsprecheinrichtungen, die einen beträchtlichen Umfang haben, den Herren gezeigt worden waren, wurde die Registratur sowie das Archiv für Volkswirtschaft besucht. Über den in diesen Abteilungen, die räumlich beinahe ein ganzes Stockwerk beanspruchen, üblichen Geschäftsgang wurde unter Angabe einiger Zahlen über die hier aufbewahrten Korrespondenzmappen und Aktenstücke Bericht erstattet. Hierauf begaben sich die Teilnehmer in die Buchhaltereiabteilungen, wo zunächst eine lediglich mit Burroughs-Saldier-Maschinen arbeitende Buchhalterei eingehend besichtigt wurde. Im Anschluß hieran hatten die Teilnehmer Gelegenheit, die mit den neuesten Maschinen ausgestattete Powers- und Hollerithabteilung kennenzulernen. Hier wurde den Herren in eingehendster Weise die Verwendung dieser auf dem Lochkartensystem beruhenden Maschinen vorgeführt und ihnen einige Daten für die täglich hier zu bewältigende Arbeitslast gegeben. Das durchschnittliche Arbeitspensum wurde mit ca. 15 000 Buchungen angegeben; trotzdem ist es der Bank infolge doppelter Schichteinrichtung möglich, sämtliche Buchungen noch am gleichen Tage für die toten Konten fertigzustellen. Die für die Führung der laufenden Konten verantwortlichen Herren erhalten die Salden sämtlicher Konten inkl. des laufenden Tages bereits am nächsten Morgen bei Bureaubeginn, so daß die früher übliche Führung von Positionsbüchern in den Korrespondenzabteilungen in Wegfall gekommen ist. Besonders interessierten die Einzelleistungen der an den Lochmaschinen beschäftigten Angestellten, die teilweise bis 450 Buchungen in der Stunde erledigen. Ebenso großes Interesse fanden die Sortiermaschinen, von denen bis zu 24 000 Sortierungen in der Stunde durchgeführt werden können.

Nachdem die Teilnehmer noch einen Rundgang durch die Kassensäle und die neuen Tresoranlagen der Bank vorgenommen hatten, wurden ihnen die im Hause befindlichen Wohlfahrtseinrichtungen des Institutes, vor allem das groß angelegte Kasino mit seinen modernen Kücheneinrichtungen und der sportlichen Zwecken dienende Fecht- und Turnsaal gezeigt, wobei ihnen zu gleicher Zeit ein kurzer Bericht über die ferner bestehenden sportlichen Einrichtungen der Dresdner Bank (Ruderheim usw.) gegeben wurde.

An die Besichtigung schloß sich im Kasino ein von der Bank dargebotenes Mittagessen, bei dem Herr Direktor Gutmann die Teilnehmer aufs liebenswürdigste begrüßte. Die Vereinigung schuldet den leitenden Herren der Bank, insbesondere Herrn Direktor Gutmann, der sich der Angelegenheit besonders angenommen hatte, herzlichsten Dank.

Heymann. Nußbaum. Nipperdey.

Das Handelsrecht und die deutschen Universitäten.

Von

Professor Dr. Ernst Heymann

in Berlin.

Anfang März dieses Jahres[1]) werden die Lehrer des Handelsrechts an den deutschen Hochschulen zusammentreten, um eine bereits bei Gelegenheit des letzten Juristentages in Köln gegründete Vereinigung auszubauen und endgültig zu konstituieren, welche, wie es schon auf dem Gebiete des Staatsrechts und Zivilprozesses geschehen ist und demnächst auf dem Gebiete der Rechtsgeschichte geschehen wird, die deutschen Hochschullehrer des Handelsrechts zur Pflege des ihnen anvertrauten Wissenschaftszweiges organisieren und sie in ihren Bestrebungen innerlich fördern will. Die Vereinigung wird im stillen tagen, ohne Einladungen von Behörden und anderen Verbänden, ohne öffentliche Versammlung und Ansprachen, welche sich an weitere Kreise richten, und insbesondere auch ohne sich in die Arena des politischen Meinungskampfes zu stürzen. Das Ziel ist die Pflege der handelsrechtlichen Arbeit, die Erleichterung der Materialbeschaffung, die Fühlung mit den Wirtschaftskreisen, mit den Ämtern, mit den verwandten Wissensgebieten, insbesondere der Volkswirtschaft, der Betriebswissenschaft, der Auslandskunde und nicht zuletzt auch mit allen verwandten Zweigen der Jurisprudenz. Vielleicht gelingt es mit der Zeit auch, das eine oder andere größere wissenschaftliche Unternehmen gemeinsam ins Leben zu rufen und zu unterstützen; vor allem aber soll der persönliche Zusammenhang der Handelsrechtslehrer gepflegt werden, und insbesondere ist auch die Fühlung zwischen den älteren und den jüngeren unter ihnen zu stärken. Nicht zum wenigsten ist auch daran gedacht, den in kleineren Städten Wirkenden die Erkenntnis des mächtig flutenden Lebens der Wirtschaftszentren zu erleichtern.

---

[1]) Der Aufsatz ist zur Begrüßung der Vereinigung in der Festnummer der Juristischen Wochenschrift (1927 S. 625 ff.) erschienen; vgl. oben S. 5.

Es mag gefragt werden, warum gerade die Hochschullehrer, die Lehrer des Handelsrechts an Universitäten, Technischen Hochschulen und Handelshochschulen deutscher Zunge sich zu diesem Zwecke zusammenschließen; es mag gefragt werden, ob insbesondere die deutschen Universitäten, die ja den Kern der Bewegung bilden, ein inneres Recht dazu haben, eine gewisse Sorge um das Handelsrecht zu entfalten; es mag gefragt werden, ob nicht heute das Handelsrecht und die verwandten Fächer viel mehr durch die Praxis zu fördern und in ihr zu erörtern sind; ob nicht die Universitäten auf solchen Gebieten im wesentlichen nur reproduzieren könnten und weder im Streite der positiven Rechtsfragen noch in den Fragen de lege ferenda etwas Entscheidendes beizutragen hätten. Man könnte vielleicht auch fragen, ob etwa Schmalenbach recht habe, der jüngst resigniert meinte, wenn man auch gesetzgeberisch sehr wohl die Aktienbilanzen zu bessern imstande sei, im Getriebe der Interessentenpropaganda werde kein Gesetz herauskommen können oder doch nur ein unbrauchbares Kompromiß, darum lasse man es besser beim alten.

Wir Handelsrechtslehrer haben den Optimismus, zu vertrauen, daß dies alles nicht so liegt. Wir haben den Optimismus, an eine große Zukunft unseres Wissenschaftszweiges im deutschen Leben zu glauben, und wir meinen, daß wir alles tun müssen, um die Kraft für unsere Betätigung zu erlangen und zu stärken. Dazu zwingt uns zunächst die Notwendigkeit, die Lehrtätigkeit möglichst auf der Höhe zu halten, die Notwendigkeit, unseren Studierenden allenthalben gerade mit Hilfe des Handelsrechts die Brücke zwischen der Jurisprudenz und dem wirtschaftlichen Leben unserer Zeit zu schlagen. Hier bestehen Aufgaben von so hoher Bedeutung und zugleich von so hohem Reize, daß sie zu starker selbständiger Betätigung, zur schöpferischen Mitarbeit besonders drängen.

Dann aber ist, wenn irgendwo, gerade auf dem Gebiete des Handelsrechts eine streng wissenschaftliche Arbeit der juristischen Fakultäten unbedingt notwendig. Mit der noch so scharfsinnigen Entscheidung der Einzelfrage unter Beschränkung auf die Interessenlage des Einzelfalls, wie sie unmittelbar aus der Praxis herauswächst, ist es hier gewiß nicht getan. Nicht getan ist es vor allem auch mit einer raffinierten Kautelarjurisprudenz, wie sie sich gerade im Handelsrecht immer mehr entwickelt und bei der stets komplizierter werdenden Wirtschaftslage auch nicht entbehrt werden kann. Kaum auf einem Gebiete des Rechts besteht eine so schwere Gefahr wie hier, daß bei solcher Arbeit die große Linie verlassen wird, welche den Zusammenhang der Materie mit der

Gesamtheit des Rechtssystems, mit den Rechtsideen und mit großen (inneren und auswärtigen) Belangen des Volkskörpers aufweist. Es ist gar nicht zu leugnen, daß die Einzelheiten der handelsrechtlichen Praxis, namentlich die zahlreichen Fragen, welche nicht zur Judikatur kommen — und gerade das Wichtigste kommt nicht zur Judikatur, sondern verbleibt in stillen Bureaus der Anwälte, der Banken, der Kartelle, der Trusts und der Notare — für den akademischen Lehrer nur schwer zu erfassen ist. Aber das muß versucht werden und wird mit Erfolg versucht. Gerade die Lehrtätigkeit und die akademische Forschungsarbeit führt zur Einordnung dieses mannigfachen Stoffs unter die leitenden großen Gesichtspunkte. Die geschichtliche, die rechtsvergleichende, die wirtschaftlich-systematische Betrachtungsweise, die Ergründung der leitenden Ideen, füglich auch die rechtsphilosophische Erfassung des Stoffs kann von den Universitätslehrern viel eher als von der unruhigen Praxis geleistet werden, und der Umstand, daß es kaum einen Handelsrechtslehrer gibt, der nicht noch andere Fächer des Rechts betreibt, insbesondere sich mit den Grundgedanken auch des Bürgerlichen Rechts befaßt, dient als ganz besondere Stütze.

Es ist daher nicht Zufall und auch nicht nur den Eigentümlichkeiten früherer Kulturzustände zuzuschreiben, daß unser Handelsrecht als Wissenschaft, und zwar als sehr praktische Wissenschaft, an den deutschen Universitäten erwachsen ist. Hier kann keine Geschichte des Handelsrechts als Wissenschaft gegeben werden. Aber es mag doch an das erinnert werden, was unser heutiges Wirtschaftsleben den Universitäten auf dem Gebiete des Handelsrechts verdankt. Als gegen Ende des 18. und im Anfang des 19. Jahrhunderts langsam ein Handelsrecht zugleich mit dem aufsteigenden Kapitalismus als besonderer und zunächst viel umstrittener Wissenschaftszweig sich bildete, da war es zuerst Martens und dann besonders Heinrich Thöl in Göttingen, welche die Bahn brachen. Thöl hat den rohen Stoff der Handelsrechtstatbestände zuerst wieder scharf juristisch zu durchdenken gelehrt. Das war nicht neu; denn schon Bartolus, Baldus und die genuesische Praxis und später die Franzosen hatten es getan, die Kodifikation des Handelsrechts im ALR. und die viel dürftigere, aber sehr wirkungsvolle des Code de commerce war voraufgegangen. Aber Thöl hat es verstanden, die nun entstehende Handelsrechtswissenschaft in enge Fühlung mit dem damaligen römisch-gemeinen Recht zu bringen, und nicht Weniges, was er aufgebaut hat, hält (nicht nur im Wechselrecht) noch heute stand. Thöl trat mit seinen ersten Büchern schon vor der Abfassung des Allgemeinen Deutschen Handelsgesetzbuchs auf. Der Verfasser des preußischen Entwurfs dieses Gesetzbuchs und damit seiner entscheidenden Grundlage, war Bischoff, ein Praktiker, Vortragender Rat im Justizministerium. Aber Bischoff ist an diese Aufgabe im Gesetzesministerium Savignys herangetreten, das man fast als ein Universitätsunternehmen bezeichnen kann, und in dem nicht nur der Leiter, sondern auch fast alle seine Mitarbeiter Professoren waren. Als dann durch Levin Goldschmidt nicht nur eine deutsche, sondern, man kann fast sagen, eine europäische Handelsrechtswissenschaft begründet und durchgeführt wurde, die nun mit allen Mitteln der historischen, wirtschaftlichen, rechtsvergleichenden Methode zu arbeiten begann, und die damit zugleich, um Rießers treffendes Wort zu variieren, auch die Wissenschaft des Bürgerlichen Rechts kommerzialisierte, da trat mit Goldschmidt ein großer Führer an die Spitze, der wie wenige tief im deutschen Universitätsleben wurzelte und dessen fruchtbare Tätigkeit als Reichsoberhandelsgerichtsrat nur eine Episode in seinem wissenschaftlichen Leben bedeutete. Neben ihm aber schrieb den ersten glänzenden Kommentar zum AllgDHGB. wieder ein Rechtslehrer, Friedrich v. Hahn, der von 1847 bis 1872 in Heidelberg lehrte, und erst dann Rat am Reichsoberhandelsgericht und später am Reichsgericht wurde. Es genügt aus jener Zeit hier auch auf die Professoren Friedrich Endemann und J. F. Behrend hinzuweisen, von denen der letztere, L. Goldschmidt in der Richtung nahestehend, noch in diese ältere Periode hineinragt.

Das Reich war entstanden, und der mächtige deutsche Wirtschaftsaufschwung begann. Da schrieb dann nach kurzer Zeit Staub seinen ausgezeichneten Kommentar, der in der Kommentarliteratur die Führung bekam und der mit Recht als glänzendste Leistung aus Praktikerkreisen angeführt wird. Nicht nur das; Staubs Kommentar hat geradezu bestimmend auf eine reiche von Praktikern verfaßte Literatur eingewirkt, deren Wert nicht dankbar genug anerkannt werden kann. Aber auch Staub fußte doch tief in der Universitätswissenschaft; gerade die Verwendung ihrer Ergebnisse machte ihm seine Arbeit möglich; das besonders Hervorleuchtende seines Kommentars, die Heranziehung der juristischen Systematik für die Kommentierungsaufgabe wurzelt tief in der von den Universitäten, und besonders von L. Goldschmidt, gepflegten handelsrechtlichen Arbeit seiner Zeit. Es mag hier weiterhin auf die große Bedeutung hingewiesen werden, welche O. v. Gierkes genossenschaftliche Forschungen auf unser Gesellschaftsrecht gehabt haben. Gerade die monumentale Leistung Gierkes, keineswegs zu spezifisch handelsrechtlichen Zwecken unternommen und eigentlich erst in dem Buch über Genossenschaftstheorie und deutsche Rechtsprechung von 1887 auf das Handelsrecht übertragen, zeigt, welche wuchtige Bedeutung die reinwissenschaftliche Behandlung allgemeiner Probleme für das Handelsrecht hat. Auf dem Gebiete der Wertpapierlehre aber sehen wir das gleiche in dem Einfluß der genialen Forschungen Heinrich Brunners auf das geltende Wertpapierrecht. Es ist begreiflich, daß bei der großen neueren Entfaltung des Handelsrechts die Universitätslehrer sich mehr auf die Monographie und das Lehrbuch warfen und die Praktiker den Kommentar vorzogen. Aber wir sehen neben zahlreichen trefflichen Praktikerkommentaren zum HGB. und zu den zahlreichen Nebengesetzen doch außer Hahns Kommentar schon in älterer Zeit den Kommentar des Kenners der langobardischen Rechtsgeschichte, August Anschütz, den er zusammen mit Völderndorff verfaßte, und denen sich in neuester Zeit aus Universitätskreisen z. B. Karl Lehmnns (ebenfalls eines Kenners des langobardischen Rechts!) mit Ring gemeinsam veröffentlichter Kommentar zum HGB. und Nußbaums allgemein anerkannter Börsengesetzkommentar anreiht. Aber der Schwerpunkt der Universitätslehrertätigkeit liegt seither in der Systematik. Ich brauche hier nicht auf die grundlegenden Arbeiten unseres verehrten Nestors Victor Ehrenberg zum Versicherungsrecht, auf H. Pappenheims bahnbrechendes Seerechtsbuch hinzuweisen, dem nun Wüstendörfers Darstellung zur Seite tritt; es ist kaum nötig, die Lehrbücher von Cosack, Gareis, K. Lehmann, Julius v. Gierke, Müller-Erzbach und Eltzbacher, oder die knappe, inhaltreiche Darstellung Heinsheimers zu nennen, auf die zahlreichen Monographien und auf die vielen Arbeiten der Universitätslehrer in Endemanns und jetzt in Ehrenbergs Handbuch hinzuweisen, ganz abgesehen von der ja doch nicht totzuschweigenden und auch in Zukunft notwendigen Anteilnahme der deutschen Universitätslehrer an den handelsrechtlichen Fragen des deutschen Juristentages und an sonstigen gesetzgeberischen Problemen. Wenn man hie und da einmal die Bedeutung der Hochschullehrer für das Handelsrecht nicht wohlwollend einschätzt, wenn insbesondere einmal aus den Kreisen der Wirtschaftsjuristen bei einer ihnen unbequemen Haltung der Rechtslehrer das trivale Wort von der bloßen Theorie im Gegensatz zur Praxis gebraucht wird, so finden solche Redensarten bisweilen deshalb ein leidlich williges Ohr, weil viele Praktiker im Gedränge der Zeit nur mit Kommentren und mit Entscheidungen arbeiten und die hinter diesen stehende, sie nährende Systematik nicht zu sehen und nicht zu studieren Zeit haben. Liest man aufmerksam die Reichsgerichtsentscheidungen und etwa die in der JW. dazu gemachten Anmerkungen, so wird für den ehrlich

Urteilenden die Sache sofort anders aussehen. Nichts wäre sinnloser, als die höchst ertragreiche schriftstellerische Handelsrechtsarbeit der Praktiker zu unterschätzen. Aber man muß feststellen, daß beide Teile, Hochschulen und Praktiker, aufs engste zusammenarbeiten und zur Zusammenarbeit gezwungen sind, und daß dabei doch den Universitäten und den anderen Hochschulen eine besondere Aufgabe zufällt, der auch wieder besondere Aufgaben der Praktiker gegenüberstehen. Joseph Kohlers geniale Ideen z. B., die oft genug auch das Handelsrecht und vor allem seine Nebenmaterien berührten, sind unzweifelhaft dem Nährboden der Universitätslehre entsprossen, und diese hat schon allein durch solche Erscheinungen dargetan, daß ohne sie eine Wissenschaft vom Handelsrecht nicht möglich ist, so wenig natürlich jeder Universitätslehrer ein Goldschmidt, Kohler oder Gierke ist oder jeder Praktiker ein Staub, Veit-Simon oder Hachenburg.

Es gilt also, die besondere akademische Note des Handelsrechts zu pflegen und nach Möglichkeit zu stärken. Es gilt dafür zu sorgen, daß ausreichend Kräfte vorhanden sind, daß namentlich in den kleineren Universitätsstädten die Professoren des Handelsrechts nicht aus Mangel an Fühlung mit dem Wirtschaftsleben überwiegend sich anderen Problemen zuwenden, daß der Nachwuchs gefördert und ermutigt wird. Aber wie sich eine Reihe hervorragender Praktiker des Handelsrecht dem Körper der Universität angeschlossen haben und jetzt mitten unter uns stehen — ich brauche nur an Rießer, Göppert, Mittelstein und Flechtheim zu erinnern —, so muß der Universitätslehrer die Fühlung nicht nur mit der handelsrechtlichen Praxis, sondern auch mit den handelsrechtlichen Praktikern suchen, was keineswegs gerade durch richterliche oder Anwaltstätigkeit zu erfolgen braucht. Diese Wechselwirkung ist längst da. Sie muß aber weiter gepflegt werden, und auch dazu soll unser Verband Unterstützung bieten. Nicht irgendwelche Gegensätzlichkeit, sondern freies Zusammenarbeiten mit ehrlichem Verständnis der Eigenart beider Seiten tut not und kann allein auf die Dauer Leistungen zutage fördern, welche die Grundlagen für eine gesunde Fortentwicklung unserer Wirtschaft sein können. Nicht unter Abschwächung der Eigenart ist das möglich, sondern im kräftigen Durchsetzen der großen Aufgaben, die jedem Teile gesteckt sind; so allein kann ein Riß auf die Dauer vermieden werden, der verderblich werden müßte.

Wie im einzelnen die Ziele erreicht werden, kann und soll hier nicht vorausgesagt werden. Was hier angedeutet werden konnte, ist nur die Stimmung, unter der der Zusammenschluß erfolgt ist. Nicht Kampforganisation, sondern gelehrte Gesellschaft, die durch die innere Kraft ihres Schwergewichts wirken muß. Gelingt das, so mag die Gemeinschaft für die Zukunft des deutschen Handelsrechts etwas zu bedeuten haben; sie mag vielleicht manches ersetzen, was ehedem die Genialität Einzelner geboten hat. Die Hauptarbeit wird immer in der stillen Studierstube liegen, und den Inhalt von Vorträgen wird der reife Jurist oft besser lesen, als durch Hören in sich aufnehmen. Aber die vielgestaltige Wirrnis der heutigen Erscheinungen erforderte doch mehr als früher das gelegentliche Wirken des Fluidums persönlicher Berührung. Daß dabei die Ideen nicht totorganisiert werden, dafür bietet die Tradition unserer deutschen Hochschulen und die Persönlichkeit der Beteiligten, glaube ich, eine hinreichende Garantie. Von seiten der Praxis — deren beste Kräfte heute mehr als je den Wert streng wissenschaftlicher Arbeit erkennen und mit ihr zusammengehen — aber wünschen und erhoffen wir Verständnis für unsere ernste Bemühung, die doch auch ein Stein zum Wiederaufbau der idealen Kräfte unseres Vaterlandes sein soll.

Die kommende Reform des deutschen Seerechts.

Von

Professor Dr. Hans Wüstendörfer

in Hamburg.

Meine sehr geehrten Herren!

Der Hamburger Reeder Adolf Jacob Hertz, der in den fünfziger Jahren des verflossenen Jahrhunderts bei der Beratung unseres Seerechts in der Hamburger Kommission eine beachtliche Rolle gespielt hat, der pflegte zu sagen: „Wenn ich einen tüchtigen Mann weiß, dann baue ich ihm ein Schiff".

Steigt nicht bei diesen Worten vor unserm geistigen Auge eine versunkene und verklungene Welt empor? Eine Welt der Segelschiffsromantik, der patriarchalischen Zusammengehörigkeit von Reeder und Kapitän, der engen Verbundenheit auch des Schiffsführers mit seinem Segler, mit dem er in freier Frachtfahrt vielleicht jahrelang hinauszieht, um draußen, als geschäftlicher Vertreter seines Reeders ganz auf sich allein gestellt, unter Ganzverfrachtung seines Schiffes eine geeignete Rückladung zu werben. In jenen Tagen geschah es, daß man die Rechtsstellung des Reeders, des Kapitäns, des Ladungsbeteiligten im Spiegel des deutschen Gesetzgebers auffing —, ein getreues Abbild der damaligen Segelschiffahrt und ihrer Verkehrstechnik.

Es ist Ihnen allen bekannt, meine Herren, wie sehr das Bild der Schiffahrt sich seitdem geändert hat, wie der holzerbaute langsame Segler dem stählernen, schnellpflügenden Frachtdampfer gewichen ist, die kapitalschwache Partenreederei der großkapitalistischen Aktiengesellschaft, wie die freie Frachtfahrt mehr und mehr die Führung abgeben mußte an die organisierte Linienfahrt mit festem Dampferturnus, und wie, im Zusammenhang hiermit, die Ganzverfrachtung, der Chartervertrag, der im HGB. noch durchaus voransteht, in der Wirklichkeit zurückgetreten ist vor dem Stückgutfrachtvertrag als der häufigeren, moderner gestalteten Rechtsform.

Unmerklich wuchs so neben und zum Teil entgegen dem Gesetz ein neues Seerecht heran. Denn auch im Gesetz, so starr und unverändert es äußerlich noch dastehen mag, gibt es ja ein geheimes Wachsen und Werden, dank dem unablässigen Walten wirtschaftlicher und sozialer Triebkräfte. Eine Reform unseres Seerechts im Sinne seiner betriebstechnisch-wirtschaftlichen Modernisierung wäre daher an der Zeit. Was soll man z. B. sagen zu einer Bestimmung wie der des § 502 HGB., wonach im Fall des Partenschiffes die Auszahlung des Reisegewinns jedesmal nach Rückkehr des Schiffes zu erfolgen hat, ja eingehendes Geld sogar noch vor diesem Zeitpunkt unter die Mitreeder zu verteilen ist? Gleich als handle es sich noch heute um einen Beutezug abenteuernder Wikinger, die ihren Raub so schnell wie möglich teilen! Gleich als gäbe es nicht seit langem auch in der Seeschiffahrt ein kaufmännisches Geschäftsjahr! Und was soll man ferner dazu sagen, daß noch heute, dem § 643 zufolge, das Konnossement zwar den Namen des „Schiffers" enthalten soll, nicht aber den Namen des Reeders oder des Verfrachters anzugeben braucht! Es dürfte in der ganzen deutschen Rechtsordnung ein einzigartiger Fall sein, daß ein Wertpapier, welches ein Forderungsrecht verbrieft, den aus der Urkunde Verpflichteten nicht namhaft zu machen braucht. Erklärlich nur als ein Atavismus, als eine letzte unbewußte Erinnerung an den Rechtszustand vor Einführung des alten HGB., als in erster Linie der Kapitän Träger der Konnossementsverpflichtung war, der Reeder nur adjektizisch neben ihm haftete.

Eine Reform also tut not. Nicht minder drängt seit 1918 die Emanzipation des vierten Standes, der Gedanke der sozialen Parität von Arbeitgeber und Arbeitnehmer in der Seeschiffahrt auf eine Umgestaltung unserer Seemannsordnung in sozial fortschrittlichem Sinne hin.

Aber nicht von dieser Reform unseres Seerechts, der Modernisierung und der Sozialisierung, möchte ich zu Ihnen sprechen. Eine gründliche Modernisierung liegt wohl leider noch in weitem Felde. Nur gleichsam nebenbei, bei Gelegenheit der Übernahme gewisser internationaler Gesetzentwürfe, die zur Zeit schweben, wird man auch ein wenig an die Modernisierung denken. Und was die Seemannsordnung betrifft, so befindet sich der vor einigen Jahren veröffentlichte Referentenentwurf in der Umarbeitung, und es wird voraussichtlich noch manchen Waffengang zwischen entgegengesetzten Weltanschauungen geben, ehe er Gesetz wird. Die vom Genfer internationalen Arbeitsamt erstrebte internationale Seemannsordnung vollends, die vielleicht dem indischen Laskaren die gleichen Arbeitsbedingungen verschaffen würde, wie dem westeuropäischen Seemann, sie wird hoffentlich für immer Utopie bleiben. Ich möchte heute von einer anderen Reform sprechen, die vor der Tür steht: einer internationalen Vereinheitlichung wichtigster Teilmaterien des privaten Seerechts. Freilich muß ich hier um Ihre größte Nachsicht bitten. Ich kann Ihnen in der mir gesetzten Zeit nicht mehr als eine flüchtige Skizze bieten. Handelt es sich doch um drei große, verwickelte Gesetzentwürfe. Wollte ich diese in allen ihren Einzelheiten darlegen, ich müßte über jeden von ihnen mindestens eine Stunde reden. Und als Hamburger weiß ich, daß man nicht allzulange sprechen darf, wenn ein vorzügliches warmes Frühstück im Hintergrunde winkt.

Je mehr der Weltseeverkehr sich entfaltet, desto mehr trachtet er naturgemäß danach, die engen Fesseln einzelstaatlicher Seerechtsunterschiede abzustreifen. Sie werden als immer unerträglicher empfunden; der international-privatrechtlichen Konflikte und Zweifelsfragen ist kein Ende. „The law of the ocean must be one" — dies Programmwort hat deshalb seit etwa zwei Menschenaltern in allen schiffahrttreibenden Kulturländern eine ständig wachsende Zahl von Anhängern um sich geschart, und es hat, wie bekannt, bereits geführt zu hoffnungsvollen Ansätzen eines einheitlichen Weltseerechtes. Teils geschah das auf dem Wege freier Verständigung privater Interessentenverbände. So im Fall der York-Antwerp Rules, zuerst von 1877, dann von 1890, jetzt in der Stockholmer Fassung von 1924. Teils aber beschritt man den Weg des Staatsvertrages mit nachfolgender Landesgesetzgebung, vorbereitet durch die mühevolle Arbeit des Comité Maritime International und durch diplomatische Seerechtskonferenzen. So die Brüsseler Verträge von 1910 über Schiffszusammenstöße und über Bergung und Hilfeleistung in Seenot.

Jetzt handelt es sich darum, aufs Neue diesen zweiten Weg zu beschreiten und das Siegel des Gesetzgebers zu setzen unter drei zwischenstaatliche Abkommen, die in Brüssel in den Jahren 1922 bis 1926 zustande gekommen sind, nämlich 1. ein sogenanntes „Haftungsabkommen" über die Beschränkung der Reederhaftung, 2. ein „Hypothekenabkommen" über Schiffshypotheken und Schiffsgläubigerrechte, und endlich 3. ein „Konnossementsabkommen" über die Vereinheitlichung gewisser Regeln in Bezug auf Konnossemente, nach der Vorgeschichte auch „Haager Regeln" genannt.

Die beiden ersten dieser Entwürfe liegen amtlich von vornherein in französischem Texte vor. Der dritte Entwurf ist zunächst aus dem Englischen ins Französische übertragen worden. Deutschland hatte zuerst nur den dritten Entwurf gezeichnet; später zeichnete es auch den zweiten, während der erste Entwurf — das Haftungsabkommen — meines Wissens bisher von ihm nicht gezeichnet worden ist. Keines der drei Abkommen aber ist bisher ratifiziert worden; denn im letzten Augenblick haben sich neue Auslegungschwierigkeiten, neue Widerstände eingestellt.

Die drei Gesetzentwürfe brauchen nun nicht etwa in wörtlicher Übersetzung eingeführt zu werden, und mindestens der dritte soll es auch nicht: das Zeichnungsprotokoll zum dritten Entwurf gestattet aus triftigen Gründen statt der wörtlichen Übernahme auch die organische Einarbeitung in das Landesrecht. Hinsichtlich der beiden ersten Entwürfe findet sich ein solcher ausdrücklicher Vorbehalt im Zeichnungsprotokoll nicht. Aber auf deutsche Anfrage in der diplomatischen Seerechtskonferenz in Brüssel, April 1926, hat deren Vorsitzender, der Belgier Frank, unter Zustimmung der Versammlung erklärt, auch das Haftungsabkommen und das Hypothekenabkommen könnten durch Einarbeitung in das Landesrecht übernommen werden, wenngleich eine wörtliche Herübernahme grundsätzlich vorzuziehen sei. In Berlin soll demnächst ein Ausschuß von Sachverständigen zusammentreten, um einen vom Reichsjustizministerium ausgearbeiteten Entwurf zur Änderung von Buch IV des HGB. zu beraten

I. Das Haftungsabkommen.

Ich wende mich zunächst dem Haftungsabkommen zu. Mehr als zwanzig Jahre hat man an diesem Entwurf gearbeitet, zuerst im Schoße des Comité Maritime International, dann — schon vor dem Kriege — in diplomatischen Seerechtskonferenzen. Allmählich hat dabei der Entwurf sein Gesicht völlig geändert. Nach der jetzt vorliegenden endgültigen Fassung haftet der Reeder — und ebenso der Ausrüster, der Unterverfrachter (Art. 10) — nicht mehr dinglich, mit Schiff und Fracht, sondern beschränkt-persönlich, mit seinem ganzen Vermögen, aber nur bis zur Höhe des Wertes von Schiff, Fracht und Schiffssurrogaten (Art. 1). Und zwar soll diese Haftungsbeschränkung in acht Fällen eintreten, die kasuistisch gefaßt, inhaltlich im großen und ganzen unserm § 486 entsprechen. Hier schon tritt uns etwas entgegen, worauf wir noch häufiger stoßen werden: eine Annäherung des Entwurfs an das Vorbild des deutschen Rechts, eine bewußte Trennung vom englischen Recht, wo die Zahl der Fälle beschränkter Haftung kleiner ist, wo insbesondere die Kreditgeschäfte des Kapitäns in diesem Zusammenhang fehlen. Und wiederum ähnlich, wie im HGB., soll in Zukunft unbeschränkte Reederhaftung Platz greifen:

1. bei eigenem Verschulden (außer nautischem Verschulden),

2. bei Sondervollmacht für den Kapitän oder Sondergenehmigung seiner Handlung durch den Reeder,
3. gegenüber Heuerforderungen (Art. 2).

Wir werden also in Zukunft ein „Werthaftungssystem" haben.

Vollen Umfanges gilt dieses Werthaftungssystem jedoch nur gegenüber Hilfslohnforderungen, Ansprüchen aus großer Haverei, Kreditgeschäften des Kapitäns (Art. 1 Ziff. 6—8). Im Übrigen, also namentlich im Fall vertraglicher oder deliktischer Schadensersatzansprüche, soll die Haftung eine feste Summengrenze nicht überschreiten. Diese ist für den Fall von Sachschäden festgesetzt auf die Gesamtsumme von 8 £ je Nettotonne zuzüglich Maschinenräume (Art. 11) des schuldigen Schiffes — sit venia verbo —. Das ist ein Zugeständnis an das bisherige englische Summenhaftungssystem. Zugleich ist es eine Begünstigung der Reeder großer und größter Fahrgastdampfer. Der Wert dieser Schiffe pflegt nämlich über die Summe von cirka 160 RM. je Tonne hinaus zu gehen, während der Durchschnittswert gewöhnlicher Frachtdampfer der 8 £-Grenze etwa entspricht oder hinter ihr zurückbleibt. Die großen Reeder also werden verhältnismäßig geschont. Englisch ist auch, daß die 8 £-Grenze nur in einem Teil der Fälle beschränkter Reederhaftung zur Geltung kommen soll: der „Merchant Shipping Act" kennt sie nur für Schadensersatzansprüche. In jenen andern Fällen (Ziff. 6—8), z. B. bei Hilfslohnforderungen, bei Großhavereiansprüchen, würde die Begrenzung der zu zahlenden Summe auf 8 £ auch zu unangemessenen Ergebnissen führen.

Anders im Fall der Personenschäden, d. h. der Tötung und Körperverletzung von Menschen mit Ausnahme der Schiffsmannschaft. Hier ist der Haftungsumfang aus sozialen Gründen erweitert (Art 7). Für solche Gläubiger wird vorweg eine Sonderhaftungssumme von 8 £ je Tonne gebildet, an deren Verteilung alle Opfer desselben Unfalles teilhaben, und zwar auch bei Untergang des Schiffes. Nur für den alsdann verbleibenden Rest ihrer Forderungen sind diese Gläubiger im Wettbewerb mit den Sachschadensgläubigern angewiesen auf die von mir dargelgte Werthaftungssumme.

Die Beweislast für die Werthöhe als Haftungsgrenze trifft den Reeder (Art. 3 Abs. 1). Und zwar berechnet sich der Wert folgendermaßen:

1. Der Wert des Schiffes ist im Haftungsabkommen nicht einheitlich bestimmt. Man muß vielmehr drei Fallgruppen unterscheiden. Zunächst: Bei Unfallschäden, namentlich im Fall des Schiffszusammenstoßes, soll der Wert des Schiffes bei seiner Ankunft im nächsten Hafen entscheidend

sein. Die Engländer hatten zunächst gefordert, der Wert vor Eintritt des Unfalls solle maßgebend sein. Dann wählte man den Wert nach Eintritt des Unfalls; schließlich ist aus Beweisgründen der leichter zu ermittelnde Wert im nächsten Hafen genommen worden. Anders bemißt sich der Schiffswert zweitens bei Ladungsschäden, die sich außerhalb eines Unfalles ereignen, z. B. durch schlechte Stauung. Hier soll entscheidend sein der Wert des Schiffes im Bestimmungshafen der betreffenden Ladung. Drittens: In allen anderen Fällen, z. B. für Forderungen aus Kreditgeschäften des Kapitäns, soll maßgebend sein der Schiffswert am Ende der Reise.

2. Neben dem Schiffswert kommt in Betracht der Frachtwert. Als Wert der Fracht sollen aber auf englischen Antrag stets, also auch wenn nachweislich keine Fracht verdient ist, 10% des Schiffswertes bei Beginn der Reise gelten (Art. 4). Man hat also zu einer Fiktion gegriffen. Das ist sicher eine große und zweckmäßige Vereinfachung; denn die wirkliche Höhe der verdienten Fracht können die Gläubiger ohne Mitwirkung des haftenden Reeders doch nur in seltenen Ausnahmefällen feststellen. Man muß sich aber darüber klar sein, daß 10 v. H. für den Fall großer, modern gebauter Fahrgastdampfer als Frachtwert mit Einschluß der Überfahrtsgelder reichlich hoch gegriffen sind. Wenn ein großer Dampfer der Hamburg-Amerika-Linie bei einem Schiffswert von etwa 10 Millionen Mark von Hamburg nach New York fährt, so wäre die Reederei sicher sehr froh, auf solcher Reise eine Million Mark Frachtgewinn machen zu können. Sie erreicht diese Einnahme vielleicht auf einer ganzen Rundreise. Hierin liegt somit eine gewisse Benachteiligung gerade der großen Reeder, während im Falle kleinerer und älterer Schiffe, namentlich auch der Trampdampfer, die 10% angemessen erscheinen.

3. Als Schiffssurrogate endlich sollen gelten (Art. 5): Schadensersatzansprüche des Reeders infolge von Schiffsschäden, die noch nicht ausgebessert sind, ferner Vergütungsansprüche in großer Haverei. Dies erinnert stark an die Vorschrift des § 775 HGB.

Insgesamt wird somit in Zukunft der Reeder, abgesehen von der 8 £-Grenze, zu haften haben bis zur Höhe von 110% des Schiffswertes, wobei aber die 100% sich anders berechnen als die 10%, jene einen Schlußwert, diese einen Anfangswert darstellen.

Doch nun taucht die entscheidende Frage auf: Was soll als Haftungseinheit gelten, oder anders ausgedrückt, welche Forderungen werden jeweils zusammengeschlossen, sodaß sie auf eine und dieselbe Haftsumme angewiesen sind, sich in deren Gesamtbetrag teilen müssen? Im deutschen HGB. bildet bekanntlich die Haftungsreise des § 757 Grundlage für die Haftungseinheit, eine Haftungseinheit, die sich noch durchaus aufbaut auf der Annahme einer Ganzverfrachtung des Segelschiffs. Alle Forderungen aus dieser Haftungsreise, sie mögen herrühren aus einem Unfall, aus gewöhnlichen Ladungsschäden, aus Kreditgeschäften des Kapitäns oder woraus sonst immer, sind zusammen angewiesen auf eine und dieselbe Haftungsmasse, nämlich auf das Schiff und dessen Bruttofracht.

Anders, ganz anders das Brüsseler Haftungsabkommen. Nach der Auslegung, die ihm die deutsche Regierung bisher stets gegeben hat, muß man je nach der Sachlage in Zukunft zwei Haftungseinheiten unterscheiden: Für Forderungen aus Unfallschäden soll der betreffende Reiseunfall die Haftungseinheit bilden, d. h.: alle Ansprüche, die aus einem und demselben Unfall herrühren, sind auf dieselbe Haftungssumme angewiesen (Art. 3 Ziff. 1, Abs. 1; Art. 6 Abs. 1). Dagegen soll für alle andern Ansprüche als Haftungseinheit gelten der Reiseabschnitt bis zu dem Hafen, nach welchem sich der gleiche Hafenwert des Schiffes, als maßgeblich für die betr. Forderungen, bestimmt. Anders ausgedrückt: alle Forderungen, hinsichtlich welcher als Schiffswert der Wert desselben Hafens zugrunde gelegt wird, sind zu einer einheitlichen Haftungssumme zusammengeschlossen. Gestatten Sie mir, daß ich Ihnen des zum Beweise den Wortlaut des Art. 6 verlese:

> „Les diverses créances qui se rattachent à un même accident ou à l'égard desquelles, à défaut d'accident, la valeur du navire se détermine en un même port, concourent entre elles sur la somme représentant à leur égard l'étendue de la responsabilité du propriétaire" usw.

Die Bedeutung dieser grundlegenden Bestimmung darf ich an einem Beispiel erläutern: Nehmen Sie an, ein Sloman-Dampfer, der von Genua über Rotterdam nach Hamburg fährt, lädt in Genua Güter, die nach Rotterdam bestimmt sind, und andere Güter, die nach Hamburg gehen. Im Kanal hat dieses Schiff einen von ihm verschuldeten Zusammenstoß. Bei der Ankunft in Rotterdam stellen sich an der dort zu löschenden Ladung Schäden infolge nachlässiger Stauung heraus. Ebenso später in Hamburg Schäden der dorhin bestimmten Güter, aber aus anderer Ursache, sagen wir: infolge schuldhaften Offenlassens von Bullaugen in Genua. Alsdann ergibt sich eine dreifache Haftung des Reeders bis zur Höhe von drei Haftungssummen, die selbständig nebeneinander stehen, nämlich 1. gegenüber den Kollisionsgläubigern, 2. aus den Stauungsschäden der in Rotterdam gelöschten Ladung und 3. aus den Ladungsschäden der in durchnäßtem Zustande in Hamburg eingetroffenen Güter. Der haftende Reeder kommt in diesem

Fall daher in die Lage, bis zur dreifachen Höhe des Schiffswertes, genauer: bis zu 330 % des Schiffswertes zahlen zu müssen oder, gegebenenfalls, dreimal bis zur Höhe der 8 £-Grenze. Folgen während eines Reiseabschnitts zwei selbständige Unfälle aufeinander, z. B. zwei Schiffszusammenstöße, dann kommt es zu einer zweimaligen selbständigen Haftung des Reeders. Für die Gläubiger aus dem ersten Zusammenstoß soll dann der Schiffswert zur Zeit nach dem ersten Unfall, für die Gläubiger aus dem zweiten Zusammenstoß der Schiffswert im nächsten Hafen entscheidend sein (Art. 3, Ziff. 1, Abs. 2). Der Entwurf drückt dies so aus, daß er für die Gläubiger des ersten Unfalls die beim zweiten Unfall eingetretene Wertminderung des Schiffes außer Betracht bleiben läßt. Gehen Ladungsschäden auf die gleiche Ursache zurück — ohne Zusammenhang mit einem Unfall —, sind aber die betreffenden Warenpartien nach verschiedenen Häfen bestimmt, dann sollen sie gleichwohl zu einer und derselben Haftungssumme zusammengefaßt werden, berechnet nach dem Schiffswert im ersten Bestimmungshafen (Art. 3 Ziff. 2, Abs. 2 in Verbindung mit Art. 6).

Das Ergebnis: Der Reeder wird in Zukunft weit über den Schiffswert hinaus zahlungspflichtig werden können. Daß sich zwei haftbar machende Schiffszusammenstöße auf derselben Reise ereignen, das ist allerdings selten; aber sehr oft ereignet sich der Fall, daß außer Ansprüchen aus einem Schiffszusammenstoß auch Forderungen aus Ladungsschäden anderer Herkunft vorliegen. Also wird die Reederhaftung in Zukunft gegenüber dem geltenden deutschen Rechte verschärft. Andererseits darf eins nicht außer acht bleiben: Wenn hinsichtlich des Schiffswertes grundsätzlich der Wert in einem Ankunftshafen entscheidend sein soll, und zwar in allen drei Fallgruppen des Art. 3, das betreffende Schiff aber bei einem Unfall gesunken ist, dann bedeutet das im Ergebnis: Ein Hafenwert des Schiffes ist nicht mehr vorhanden. Dann beschränkt sich die Haftung des Reeders — abgesehen von der Frage der Schiffssurrogate — auf Haftung mit jenen 10%, die als Frachtwert gelten sollen, wovon nur der Tatbestand der aufeinander folgenden zwei Unfälle, wie schon dargelegt, eine Ausnahme macht. Auf seltsamen Umwegen nähert sich so der Entwurf im wirtschaftlichen Ergebnis doch wiederum den Gedankengängen des deutschen Rechtes: der Haftung mit dem Schiff, oder richtiger: der Nichthaftung, wenn das Schiff unterging.

So die deutsche Auslegung des vielumkämpften Art. 6. Und nun hat sich das Seltsame ereignet: Als das Abkommen schon erledigt war und in Brüssel — im April 1926 — nicht mehr zur Erörterung stand, da traten dort im privaten Gespräch führender Kongreßmitglieder weitgehende Meinungsverschiedenheiten darüber zutage, was eigentlich in der Frage der Haftungseinheiten beschlossen sei. Der Belgier Frank als Vorsitzender, die Vertreter von England, Holland, Italien, von deutscher Seite Alfred Sieveking und von französischer schließlich Ripert, vertraten jetzt als Inhalt des Abkommens die Ansicht, der Entwurf erkläre stets den betreffenden Reiseabschnitt zur Haftungseinheit; für alle zwischen zwei Häfen entstandenen Schäden habe der Reeder nur mit einer und derselben Haftungssumme aufzukommen, auch wenn mehrere Unfälle, z. B. Zusammenstöße, vorgefallen seien, auch wenn Unfallschäden neben Ladungsschäden ständen. Im einzelnen sind über die Bedeutung und Tragweite dieses Haftungsgrundsatzes wieder zwei Untermeinungen aufgetaucht, deren Darlegung hier zu weit führen würde.

Die Frank'sche Ansicht ist erstaunlich. Sie steht ebenso im Widerspruch mit dem Wortlaut des Art. 6 wie mit der Entstehungsgeschichte des Entwurfes, und es entbehrt nicht des pikanten Reizes, daß der norwegische Vertreter inzwischen im Auftrage der skandinavischen Staaten Punkt für Punkt in einer Denkschrift dargelegt hat, daß und weshalb die Entstehungsgeschichte die Unrichtigkeit der Frankschen Ansicht ergebe. Die Meinungsverschiedenheit ist beunruhigend, sie ist der Grund, weshalb Deutschland das Haftungsabkommen bisher nicht gezeichnet hat. Ist die Franksche Ansicht richtig, dann wird in Zukunft der Reeder günstiger, der Ladungsbeteiligte und sein Versicherer weit ungünstiger behandelt, als man von deutscher Seite bisher annahm. Denn klar ist, daß die Gläubiger aus gewöhnlichen Ladungsschäden vielfach nur eine kleine Dividende auf ihre Gesamtforderung erhalten werden, wenn sie sich mit Unfallgläubigern, diesen im Range gleichstehend, in eine und dieselbe Haftungssumme zu teilen haben. Auf einer Sachverständigen-Beratung, die deshalb in Hamburg im Sommer 1926 stattfand, haben jedoch die Wortführer der Ladungsbeteiligten die Franksche Auslegung für „tragbar“ erklärt. Sie führten zutreffend aus, die Franksche Ansicht entspreche im wesentlichen dem geltenden deutschen Recht. Sie ergebe sogar für die Ladungsbeteiligten eine etwas günstigere Rechtslage, insofern in Zukunft der Reiseabschnitt statt der ganzen Reise die Haftungseinheit bilde und der Wert des Schiffes bereits im nächsten Hafen, nicht erst der vielleicht geringere Schiffswert am Ende der Reise zugrunde gelegt werde. Wie diese Auslegungsfrage formell ausgetragen werden soll, ist noch unklar. Man sprach von einer einseitigen Erklärung bei der Ratifikation und anderseits von einer zwischenstaatlichen Klärung durch Notenwechsel.

Daß aber diese Streitfrage überhaupt auftauchen konnte, kennzeichnet die große Verwickeltheit des Entwurfs. Er stellt sich dar als ein Kompromiß zwischen juristischen Weltanschauungen, zwischen abweichenden rechtlichen Grundvorstellungen. Amerikanisch ist der Gedanke des Werthaftungssystems; englisch die 8 £-Grenze, die Sonderhaftungssumme im Fall von Personenschäden, der Reiseunfall als Haftungseinheit. Vieles aber und nicht das Unwichtigste ist deutsch. Zwar mußte das System der Sachhaftung fallen. Wir haben es, wie dargelegt, in Zukunft mit beschränkt-persönlicher Haftung zu tun, wobei die konstruktive Frage auftaucht, ob es sich hier wirklich noch um eine beschränkte Haftung handeln wird und nicht vielmehr um eine begrenzte Schuld. In Zukunft wird der Anspruch gegen den haftenden Reeder nicht mehr auf Duldung der Zwangsvollstreckung in Schiff und Fracht gehen, auch nicht, wie bisher in der deutschen Praxis vielfach üblich, auf Zahlung bei Vermeidung der Zwangsvollstreckung in Schiff und Fracht, sondern auf Zahlung schlechthin. Deutsch aber ist die Zahl und Art der Fälle beschränkter Haftung; deutsch der Reiseabschnitt als Haftungseinheit; handelt es sich hierbei doch nur um eine Modifikation des Gedankens der Reise als Haftungseinheit. Auf manchen und nicht den unwichtigsten Reisewegen deckt sich beides; man denke z. B. an die Reise Hamburg—New York. Deutsch ist ferner der Gedanke, den Hafenwert des Schiffes bei der Ankunft entscheiden zu lassen: Ging das Schiff unter, so ist dieser Wert auf Null gesunken, der Reeder also insoweit haftungsfrei. Auch in Zukunft wird somit die Haftung in gewissem Umfange abhängen von dem Nochdasein des Schiffes, während nach bisherigem englischen Recht die 8 £ auch zu zahlen sind nach Untergang des Schiffes.

An das deutsche Rechtsvorbild gemahnt endlich ein prozessualer Rechtsbehelf eigentümlicher Art (Art. 9): Auf Antrag des Reeders kann das Gericht in den Fällen beschränkter Haftung Aufschub der Vollstreckung in das übrige Reedervermögen — außer Schiff, Fracht und Schiffssurrogaten — anordnen, und zwar für die Dauer einer Frist, die ausreicht zum Verkauf des Schiffes und zur Verteilung des Erlöses unter die Gläubiger. Hier zeigt es sich, daß auch in Zukunft unser altehrwürdiges „Schiffsvermögen" noch eine Rolle spielen wird: Es wird zwar nicht das allein haftende, wohl aber das *primär und vorzugsweise haftende Vermögen* des Reeders darstellen!

Vergegenwärtigt man sich endlich, wie das Problem der Reederhaftung schon jetzt in der deutschen Rechtswirklichkeit sich gestaltet, so wird deutlich, daß diese dem künftigen Rechtszustand noch weit näher steht als das deutsche Gesetz. Denn einmal führt in der Stückgutfahrt der Linienreedereien die Anwendung des § 774 HGB. auch heute in aller Regel zur Ergänzung der Sachhaftung durch eine beschränkt-persönliche Reederhaftung. Es ist etwas Alltägliches, daß Liniendampfer fahrplanmäßig wieder auslaufen, ehe die mancherlei kleinen Ladungsschäden geregelt sind, die sich mehr oder weniger auf jeder Reise zu ereignen pflegen. Und anderseits spielt die Vollziehung des Arrestes in diesem Zusammenhang eine bedeutsame Rolle. Ist es doch bei uns bisher anerkannten Rechtes, daß die im Arrestbefehl bezeichnete, vom Reeder hinterlegte Lösungssumme nur dem betreibenden Gläubiger haftet. Dies führt dazu, daß der Reeder, dessen Schiff mit Arrest belegt wurde, auch heute schon aus seinem Landvermögen zahlt, um das Schiff wieder frei zu bekommen; und es hat weiter zur Folge, daß der Reeder im Verlauf derselben Reise über den Wert des Schiffsvermögens hinaus haftbar gemacht werden kann, dann nämlich, wenn im weiteren Verlauf neue Haftungsfälle hinzukommen, die den Wert des Schiffsvermögens voll ergreifen.

Wenn ich ein zusammenfassendes Urteil über das kommende Haftungssystem hinzufügen darf, so glaube ich, im großen und ganzen ein günstiges Horoskop stellen zu können: Die Haftung des Reeders wird gegenüber dem bisherigen deutschen Wirklichkeitsrecht etwas verschärft, gegenüber dem englischen Recht nicht unerheblich gemildert. Der Gedanke der Werthaftung entspricht besser als die reine Sachhaftung der Tatsache, daß wir uns seit Jahrhunderten im Zeitalter der Geldwirtschaft befinden. Was der Gläubiger vom Reeder will, ist Geldzahlung. Mit der Vollstreckung in Schiff und Fracht ist auch dem Gläubiger oft nur wenig gedient; belastet ihn doch dieses Vorgehen mit Kosten und Risiken verschiedener Art. Dazu kommt als ein weiterer Vorzug des neuen Rechtszustandes, daß in Zukunft der Reeder nach jedem Reiseunfall sein Schiff ausbessern lassen kann, ohne dadurch das Ausmaß seiner Haftung zu vergrößern; denn maßgeblich für sie ist ja der Wert des Schiffes bei der Ankunft, also vor der Ausbesserung. Gegenwärtig hat nach deutschem Recht der Reeder unter Umständen Grund, die Ausbesserung seines haftenden Fahrzeugs zu scheuen. Er dient damit lediglich den Interessen seiner Gläubiger, deren Vollstreckungsgegenstand er verbessert. Des weiteren werden in Zukunft die kontinentalen Reeder, wenn in England haftbar gemacht, den Vorteil genießen, daß sie nicht mehr ohne Rücksicht auf Dasein und Wert des Schiffes zur Zahlung von 8 £ je Tonne herangezogen werden können. Sollte vollends die Frank'sche Ansicht über die Auslegung des Art. 6 durchdringen, so würde das dazu führen, daß die in Aussicht stehende Haftungsverschärfung gegenüber dem deutschen Recht sehr gemildert wird: Der einzelne Reiseunfall als Haftungseinheit ist dann verschwunden. Endlich soll in Zukunft die Arrestsumme allen Gläubigern zugute kommen, die an der gleichen Haftungssumme teilnehmen, so daß im Fall abermaliger Arrestlegung der Reeder die Aufhebung des zweiten Arrestes beantragen kann (Art. 8, Absatz 1 und 2). Damit wird die Rechtsordnung dem Grundgedanken einer nur beschränkten Haftung besser angepaßt sein, als in der bisherigen deutschen Rechtspraxis.

II. Das Hypothekenabkommen.

So eng der sachliche Zusammenhang ist, der das Hypothekenabkommen verbindet mit dem Haftungsabkommen, so wesentlich unterscheidet es sich doch von jenem in seinem ganzen Aufbau: es ist einfacher, klarer, deutscher. Von Hypotheken selbst ist in dem zweiten Entwurf nur in Art. 1 die Rede: Die nach Landesrecht ordnungsmäßig begründeten und öffentlich registrierten Schiffshypotheken sollen in den übrigen Vertragsstaaten anerkannt werden. Im übrigen befaßt sich das Abkommen mit den „privilèges“, den Schiffsgläubigerrechten des deutschen Gesetzes. Bekanntlich ist es ein Grundgedanke des deutschen Seerechts, überall da, wo der Reeder nur beschränkt haftet, dem Gläubiger ein Schiffsgläubigerrecht zu gewähren. Muß der Gläubiger sich den Nachteil nur beschränkter Reederhaftung gefallen lassen, so soll er zum Ausgleich dafür hinsichtlich der haftenden Gegenstände ein Vorzugsrecht genießen. Um diesen Korrelatsgedanken des deutschen Rechtes haben in Brüssel die deutschen Vertreter lange und zäh und schließlich erfolgreich gekämpft. Ihm stand zunächst entgegen der Wunsch, den Schiffshypothekenkredit zu heben. Die Losung war deshalb: Beschränkung der Zahl der privilèges, Zurücksetzung im Range womöglich hinter den Schiffshypotheken. Denn andernfalls sind ja die Hypotheken stets in ihrem Dasein und Wert schwer bedroht, wenn selbst jüngere Schiffsgläubigerrechte ihnen im Range vorgehen und immer wieder über Nacht in größtem Umfange nachwachsen können, wie die abgeschlagenen Köpfe einer Hydra.

So wurde denn im Hypothekenabkommen zunächst nur eine beschränkte Zahl bevorrechtigter Schiffsgläubigerrechte angenommen und das Abkommen in dieser Gestalt von einigen Ländern gezeichnet. Da meldeten sich die englischen Trampreeder. Sie fürchteten eine Schädigung des Reisekredites ihrer Schiffe, wenn in Zukunft für kreditierte Lieferungen von Kohlen oder Proviant, für kreditierte Ausbesserungen und ähnliches kein Schiffsgläubigerrecht mit Rangstellung vor den Hypotheken vorgesehen sei. So wurde auf englisches Betreiben das schon fertige Abkommen 1926 wieder geändert, und diese Änderung bedeutet eine weitere Vereinfachung, eine weitere Annäherung an das geltende deutsche Recht. Im großen und ganzen kann man sagen: Der Korrelatsgedanke ist jetzt verwirklicht. Insbesondere genießen jetzt auch die Ladungsbeteiligten — in Abweichung vom bisherigen englischen Recht — ein Schiffsgläubigerrecht wegen ihrer Ersatzforderungen aus Verlust oder Beschädigung der Güter, und zwar auch gegenüber ihrem Reeder, nicht nur gegenüber dem Reeder des Gegenschiffes im Kollisionsfall. Ferner sind jetzt auch die Schiffsgläubigerrechte aus Kreditgeschäften des Kapitäns den Hypotheken im Range vorangestellt.

Der Entwurf kennt jetzt fünf Gruppen von privilèges (Art. 2); dann folgen die Schiffshypotheken (Art. 3 Abs. 1), hinter diesen aber etwaige weitere privilèges, die durch Landesgesetz geschaffen werden (Art. 3 Abs. 2). Dieser Vorbehalt ist auf skandinavischen Wunsch hinzugefügt. In der Hamburger Sachverständigenberatung im Sommer 1926 wurde jedoch einstimmig die Ansicht vertreten, die Schaffung solcher „nationalen Privilegien“ sei unerwünscht. Die mühsam erkämpfte Rechtseinheit werde dadurch gefährdet, die Rechtslage unübersichtlich gestaltet, auch sei der Wert von Schiffsgläubigerrechten mit dem Rang hinter den Schiffshypotheken problematisch. Ich möchte meinerseits hinzufügen: Schutzbedürftige Forderungen, die nicht schon nach dem Hypothekenabkommen ein privilège genießen, sind in nennenswertem Umfang kaum vorhanden.

Diese privilèges nun, deren Name und Grundgedanke dem Code civil Art. 2095 entstammt, sind zwar nicht ausdrücklich im Entwurf als Pfandrechte bezeichnet; sachlich aber stellen sie sich dar als formlos begründete (Art. 11), auf ein Jahr befristete (Art. 9), gesetzliche Pfandrechte, und sie sind, wie im deutschen Recht, doppelt privilegiert, einmal durch das Rangvorrecht vor Schiffshypotheken und sonstigen Pfandrechten (Art. 3 Abs. 1), anderseits durch ihre Verfolgbarkeit auch gegen jeden dritten Schiffsbesitzer (Art. 8).

Den Gegenstand dieser Pfandrechte bilden das Schiff, die „Fracht der Reise“ und gewisse Surrogate von Schiff und Fracht (Art. 2 und 4), wozu aber, ebenso wie bei uns, nicht die Forderung aus der Kaskoversicherung gehört (Art. 4 Abs. 3). Hier muß man bekennen: Die Anlehnung des Hypothekenabkommens an das deutsche Mutterrecht ist eine zu enge! Man vermißt zum Nachteil des Entwurfes eine ausreichende Modernisierung seiner Normen. Die „Fracht der Reise“, das ist ein gar rückständiger Begriff! Das paßt vortrefflich auf den Segler, der in Ganzcharter fährt, das paßt sehr schlecht auf die Hunderte oder Tausende von Stückgutfrachten im Liniendampferverkehr. Sie sind für den Pfandgläubiger schwer zu ermitteln, und wenn ermittelt, schwer greifbar. Soll er etwa Tausende von Pfändungs- und Überweisungsbeschlüssen betreiben? Tatsächlich spielt auch heute schon aus diesem Grunde die Frachthaftung im Liniendampferverkehr keine praktische Rolle. Hier ist der Entwurf betriebstechnisch ebenso rückständig wie das deutsche Gesetz.

Dazu gesellt sich ein weiteres kritisches Bedenken. Der Entwurf enthält (Art. 4 Abs. 2) die höchst seltsame Bestimmung, daß das Pfandrecht an der Fracht bei fehlender Frachtforderung jene 10% des Schiffswertes ergreifen soll, die nach dem Haftungsabkommen ein für alle Mal als Frachtsumme unterstellt werden. Anscheinend vergeblich haben sich die deutschen Vertreter in Brüssel bemüht, den Engländern klar zu machen, daß jene 10% nur eine abstrakte Rechnungsgröße sind, etwas nur Gedachtes, aber kein Gegenstand, der irgendwie fähig eines Pfandrechts wäre! Hier trat in Brüssel ein bemerkenswerter Mangel an Denkschärfe hervor. Offenbar hatten sich manche Mitglieder der Konferenz das Wesen eines privilège als eines Pfandrechts nicht recht klar gemacht, sich nicht vergegenwärtigt, was es heißt, Gegenstand einer Pfandhaftung zu sein.

Wie der Gegenstand der Pfandrechte, so wird auch ihr Rang vom Entwurf im wesentlichen nach deutschem Vorbild geregelt, insbesondre sollen die Forderungen aus der letzten Reise den Forderungen aus früheren Reisen vorgehen (Art. 6 Abs. 1). Das Pfandrecht soll ferner auch entstehen im Fall der Ausrüstung oder der Unterverfrachtung des Schiffes (Art. 13), mit der gleichen Ausnahme der Schlechtgläubigkeit, wie sie uns geläufig ist aus § 510 Abs. 2 HGB. Doch bleibt für solche Fälle eine praktisch sehr wichtige Frage der Landesgesetzgebung überlassen (Art. 16): Der typische hierher gehörige Fall ist der, daß ein verchartertes Schiff im Liniendienst des Charterers als jetzigen Verfrachters läuft. Soll dann das Urteil gegen diesen Charterer-Verfrachter, der nicht Reeder ist, ohne weiteres auch zur Zwangsvollstreckung in das Schiff des dritten Eigentümers führen, oder muß dazu erst der Weg der Klage auch gegen diesen Eigentümer beschritten werden? Das wäre eine umständliche Häufung von Prozessen! Aber anderseits muß doch dem Schiffseigentümer rechtzeitig die Möglichkeit geboten werden, sich zu verteidigen gegen die seinem Schiff drohende Zwangsvollstreckung; er darf nicht das Opfer mangelhafter Abwehrmaßnahmen des Charterers werden! Erwägenswert scheint mir deshalb eine Vorschrift, wonach — anders als bisher im Fall des § 510 HGB. — aus dem Urteil gegen den Charterer nur dann auch gegen den Schiffseigentümer vollstreckt werden kann, wenn dieser durch Streitverkündung oder in ähnlicher Weise zum Rechtsstreit mit herangezogen worden ist.

III. Das Konnossementsabkommen.

Ich komme zum dritten und letzten Entwurf. Das Konnossementsabkommen unterscheidet sich in seinen Wesenszügen erheblich von den beiden erörterten Entwürfen: Nicht zwanzig Jahre, wie am Haftungs- und am Hypothekenabkommen, sondern knapp zwei Jahre hat man an ihm gearbeitet. Nicht vom deutschen Recht ist sein Inhalt mehr oder weniger beeinflußt, wie der Inhalt jener andern Entwürfe, sondern ganz und gar eingetaucht in die Atmosphäre anglo-amerikanischer Seerechtsbegriffe. Und nicht als ein Gesetzentwurf stellt sich dieser dritte Entwurf von Haus aus dar, sondern als ein Vorschlag zu vertragsmäßigen Verfrachtungsbedingungen, nach dem Vorbild englischer Konnossementsklauseln von Geschäftsleuten zurechtgezimmert, wenn auch unter Beteiligung einiger Juristen.

Kein Wunder, daß schon im britischen Oberhause diesen Vorschriften „a large amount of litigation" prophezeit worden ist, und daß neuerdings ein angesehener englischer Richter von ihnen sagte, sie seien „lamentably obscure".

Um was handelt es sich? Es handelt sich darum, den alten Kampf der Linienreedereien mit den Verladern um die „Freizeichnungsklauseln" des Konnossements zu beenden durch einen gerechten Friedensschluß, durch ein Kompromiß nach Vorbild desjenigen, das zuerst im nordamerikanischen Harter Act von 1893 Gesetzesform angenommen hat. Hier, in den Vereinigten Staaten, standen damals inländische Verladerinteressen überwiegend fremden Reedereien gegenüber, und den amerikanischen Verladern wurde Gesetzesschutz gewährt in Gestalt des Kompromisses: keine Haftung des Reeders für nautische Versehen seiner Schiffsbesatzung, dagegen Zwangshaftung des Reeders für Seetüchtigkeit des Schiffes und sorgfältige Ladungsbehandlung, deren Verabsäumung ein sogenanntes „kommerzielles Verschulden" bildet.

Dieser Kompromißgedanke erwies sich als bahnbrechend. Die Gesetzgebung der großen britischen Dominions — Australien, Neu-Seeland, Canada — schloß sich ihm an, und politisch durch den Weltkrieg erstarkt, ließen die Dominions sich von dem bis dahin reederfreundlichen England neuerdings versprechen, daß es ihrem Beispiel folgen werde. England versuchte zunächst die Angelegenheit abzuschieben auf den Weg der freien Verständigung der Beteiligten. So nahm sich die International Law Association der Sache an und stellte in zwei Beratungen im Haag 1921 und 1922 Konnossementsregeln auf, die danach „Haager Regeln" (Hague Rules) heißen. Aber die freiwillige Übernahme dieser Verfrachtungsbedingungen stieß auf Schwierigkeiten. Der Weg einer internationalen Gesetzgebung schien der allein aussichtsreiche. So gelangten die Haager Regeln vor das Comité Maritime International und gleich darauf vor die ohnedies in Brüssel damals tagende diplomatische Seerechtskonferenz, die 1922 und abermals 1923 die Haager Regeln mit einigen Änderungen zu einem Gesetzentwurf verdichtete. Alsbald brachte die englische Regierung im Unterhause eine Gesetzesvorlage ein, der jener Entwurf mit unwesentlichen Änderungen als Anlage beigefügt war. Daraus wurde 1924 der englische „Carriage of Goods by Sea Act", der für ausgehende Konnossemente am 1. Januar 1925 in Großbritannien in Kraft getreten ist.

In Deutschland will man statt dessen eine organische Einarbeitung in unser Seerecht versuchen. Angesichts der Technik der Haager Regeln ist das dringend nötig, wenn anders große Verwirrung vermieden bleiben soll. Denn dieses Konnossementsabkommen ist nicht nur schwerfällig in seiner Form, kasuistisch in seinem Inhalt, anglo-amerikanisch in seiner Wortung, seinem Ideengehalt, seiner Weitschweifigkeit von Wiederholungen und Vorbehalten, — es ist zugleich auch lückenhaft und laienhaft, unklar und widerspruchsvoll — kurz, es ist „lamentably obscure".

Die Haager Regeln gelten nicht für die Rechtsbeziehungen zum Befrachter, sie ordnen nur die Rechte und Pflichten aus dem Konnossement, also gegenüber dem Ladungsempfänger, und sie tun das nur für die Zeit von der Verladung der Güter im Schiff bis zu ihrer Löschung (Art. Ie). Kairisiken und Landrisiken des Durchfrachtverkehrs bleiben also der bisherigen Vertragsfreiheit überlassen, wenn nicht die Landesgesetzgebung sie auf den gleichen Nenner bringt, was bei uns — insoweit durch nachgiebiges Gesetz — beabsichtigt ist.

Es unterliegt keinem Zweifel: der Grundgedanke der Haager Regeln ist gesund und richtunggebend. Die Haftung für nautische Versehen der Schiffsbesatzung, insbesondere auch im Fall eines Schiffszusammenstoßes, sie soll sowohl dem Verfrachter, wie dem Schiff im Verhältnis zu den Konnossementsinhabern abgenommen werden (Art, IV 2a). Dies hatten die Reeder aller namhaften Schiffahrtsländer seit langem gefordert. Sie hatten immer wieder betont: Nautisches Verschulden ist ein Verschulden besonderer Art, vielfach ein bloßer Urteilsirrtum, eine falsche Abschätzung der Entfernung des Gegenschiffes im Augenblick der Gefahr; mit einem Wort — es ist, wie Alfred de Courcy es einmal treffend ausdrückte, ein Verschulden „où le mot faute perd sa véritable signification". Auch hat der Reeder keine Möglichkeit, die nautische Gebarung der Schiffsbesatzung an Bord überwachen zu lassen, und gerade die Haftungsfolgen aus einem nautischen Versehen treffen ihn unter Umständen, im Fall des Schiffszusammenstoßes, mit vernichtender Wucht.

Der Grundgedanke ist also richtig, seine Formulierung aber freilich recht mangelhaft: Der Reeder soll in Zukunft nicht haften für Verschulden „in the navigation or in the management of the ship". Was ist in diesem Zusammenhang „management"? Der amtliche französische Entwurf spricht vieldeutig von „administration du navire". Bereits die Rechtsprechung zum Harter Act in den Vereinigten Staaten kennt dies Begriffsproblem und zeigt in ihren Schwankungen, wie schwierig im konkreten Fall die Abgrenzung solcher nautischen Verschuldungsfälle von nachlässiger Ladungsbehandlung oder schuldhafter Nichtsorge für Seetüchtigkeit sein kann. Wenn z. B. Seewasser in einen Laderaum eindringt infolge Nichtschließens einer kleinen Schiffspforte unterwegs, — ist das „management of the ship" oder nachlässige Ladungsbehandlung?

Zu dieser Schwierigkeit tritt hinzu ein weiterer Mißstand: Die englischen Reeder haben darauf bestanden, der Verneinung der Haftung für nautische Versehen hinzuzufügen einen langen Katalog von „immunities", d. h. ein Verzeichnis bestimmter haftungsfreier Ereignisse wie: Feuer, Seegefahren, Streiks, ganz nach dem Vorbild englischer Freizeichnungsklauseln (Art. IV 2b—q).

Von vielen Seiten, von Norwegern, Franzosen und Deutschen ist an diesem Katalog Kritik geübt worden. Pappenheim bezeichnete ihn mit Recht als „schlechthin monströs vom Standpunkt der Gesetzestechnik". Immerhin hat die darüber lagernde Nebelwolke von Rechtszweifeln sich inzwischen etwas gelichtet: Der eine Hauptpunkt, die Frage eines mitwirkenden Verschuldens des Verfrachters oder der Schiffsbesatzung in diesen Fällen, ist durch das Zeichnungsprotokoll nachträglich zum Teil geklärt worden (Zeichnungsprotokoll Ziff. 1).

Solcher Haftungsentlastung steht gegenüber eine Zwangshaftung des Reeders, die nicht mehr, wie bisher, wegbedungen oder auch nur geschwächt werden kann (Art. III 8), eine Zwangshaftung für ein Doppeltes: zunächst für Sorgfalt in Bezug auf Seetüchtigkeit des Schiffes bei Beginn der Schiffsreise. „Seetüchtigkeit" ist hier im weiten Sinne des englischen Rechtes verstanden, umfaßt also auch die Ausrüstung des Schiffes und seine spezielle Ladungstüchtigkeit (Art. IIIa—c). Anderseits soll die Haftung hierfür in Zukunft nicht mehr als absolute Gewährleistungspflicht aufgefaßt werden, wie bisher nach dem Harter Act und dem englischen Recht. Sie ist nur Sorgfaltshaftung, so daß der Reeder für „latent defects" des Schiffes nicht einzustehen hat.

Sodann bezieht sich die künftige Zwangshaftung des Reeders auf die Fälle des kommerziellen Verschuldens, also auf Nachlässigkeiten und bösen Vorsatz hinsichtlich der Verladung, Handhabung und Stauung der Güter, ihrer Beförderung, Bewachung und Bewahrung unterwegs, ihrer Ausladung und Ablieferung (Art. III 2). Und diese Zwangshaftung bedeutet in der Bilanz der Haager Regeln den Hauptgewinnposten für die Ladungsbeteiligten. Es ist die Verwirklichung dessen, was sie im Kampfe um die Freizeichnungsklauseln immer wieder gefordert haben. Bereits das deutsche „Einheitskonnossement" von 1912 hatte sich für den ausgehenden Verkehr zum Grundsatz dieser Zwangshaftung bekannt, ihn aber zugleich durch wichtige Einzelvorschriften stark durchlöchert. Namentlich galt das für die Behandlung von Ladungsdiebstählen. Das Einheitskonnossement sah vor, daß für Diebstähle Dritter der Reeder nicht zu haften habe, für Diebstähle der Besatzungsmitglieder nur im Fall der Beweiserbringung durch den geschädigten Ladungsbeteiligten. Das hieß, eine probatio diabolica verlangen. Wie sollte denn der Ladungsbeteiligte es beweisen können, daß die 10 fehlenden Kisten Apfelsinen gerade von Mitgliedern der Schiffsbesatzung gestohlen waren! Die Belastung mit diesem in der Regel unmöglichen Beweise führte tatsächlich in großem Umfang zur Nichthaftung der deutschen Reeder für unterwegs abhanden gekommenes Gut. In Zukunft hat der Verfrachter für Diebstähle Dritter so wenig einzustehen wie bisher, für Diebstähle der Besatzungsmitglieder aber in der Weise, daß i h n zwingend eine Exkulpationspflicht trifft (Art. IV 2q), und da ihm dieser Entlastungsbeweis schwer fallen mag, so wird der Verfrachter in Zukunft unter Umständen das Diebstahlsrisiko schlechthin zu tragen haben.

Daher haben jetzt, in allerletzter Stunde, die deutschen Reeder Bedenken gegen den dritten Entwurf geltend gemacht. Sie verweisen jetzt darauf, die Diebstahlshaftung sei für sie schwer tragbar, besonders auch deshalb, weil für jedes in Verlust geratene Kollo eine Haftungssumme bis zum Höchstbetrage von 100 £ vorgesehen ist (Art. IV 5), und ferner deshalb, weil in Zukunft der Ladungsempfänger durch Versäumung der vorgesehenen dreitägigen Frist für Anzeigen von zunächst nicht erkennbaren Warenmankos — anders als nach § 609 HGB. — seinen Ersatzanspruch nicht verwirkt, vielmehr auf die Dauer eines Jahres behält (Art. III 6), ja trotz der Säumnis des Empfängers sogar die Exkulpationspflicht des Reeders anscheinend für die Dauer dieses Jahres bestehen bleibt. Wenigstens läßt der Wortlaut des Art. III 6 diese Auslegung zu. Ist dies richtig, so haben wir es hier zweifellos zu tun mit einer sehr starken und wohl nicht genügend durchdachten Belastung des Reeders!

Solchen Mängeln des Konnossementsabkommens treten andere erhebliche Rechtszweifel zur Seite. Eine Hauptfrage ist: Trifft die Konnossementsverpflichtung in Zukunft den Verfrachter als solchen oder den Reeder? Der Entwurf spricht vom „Carrier", vom „Transporteur", und bestimmt ihn als den „owner or the charterer, who enters into contract of carriage" (Art. Ia). In der Brüsseler Konferenz wurde die Ansicht vertreten, diese Fassung zwinge nicht zur Unterstellung des Verfrachterkonnossements. „Or" bedeute: je nach Lage des Landesrechtes. Die bei uns herschende Lehre erkennt nun bekanntlich das Konnossement des Charterers bisher nur an in dem einen Fall des Ausrüsters (§ 510 HGB.), verlangt dagegen im übrigen grundsätzlich ein Reederkonnossement. Und doch denkt niemand daran, den Ladeschein der Binnenschiffahrt abzustellen auf den Schiffseigner, statt auf den Frachtführer. Auch kündigt sich in der Bejahung des Verfrachterkonnossements deutlich der Abschluß einer geschichtlichen Entwicklung an: Einst, vor dem alten Handelsgesetzbuch, war es der Kapitän, der als Träger der Konnossementsverpflichtung galt. Dann wurde es der Reeder. Schließlich der Verfrachter. Es fehlt m. E. an jedem vernünftigen Grund dafür, auch in Zukunft das Verfrachterkonnossement abzulehnen, namentlich auch, weil die Beziehung der Konnossementsverpflichtung zum Schiffe in Zukunft gelockert wird durch Wegfall der reinen Sachhaftung und Einführung der beschränkt-persönlichen Haftung, die auf einen Charterer ebenso gut zur Anwendung kommen kann wie auf einen Schiffseigentümer. Auch muß die leidige Frage der Passivlegitimation aus der Klage des Konnossementsinhabers endlich aus dem Weg geräumt werden. Der Konnossementsinhaber ist Kunde seiner Linienreederei und will nur mit ihr zu tun haben, auch wenn das Schiff sich später als ein Charterdampfer herausstellt, der einem ausländischen Reeder gehört. Der Entwurf zu einem deutschen Ausführungsgesetz will demgemäß das Verfrachterkonnossement einführen. Das ist zu begrüßen.

Eine weitere Hauptfrage ist: Wird die Skripturverpflichtung aus dem Konnossement, die Schriftrechtlichkeit des Auslieferungsanspruches, auch in Zukunft Rechtens sein? Der Wortlaut des Art. III 4 des Entwurfes scheint dagegen zu sprechen. Das Konnossement „shall be prima facie evidence of the receipt" (vaudra présomption, sauf preuve contraire, de la réception). Das scheint zu besagen — und der amtliche französische Text ist darin noch deutlicher als die englische Urfassung —: Das Konnossement erbringt nur Primafacie = Beweis, der Verfrachter darf den Gegenbeweis der Unrichtigkeit des Empfangsbekenntnisses führen und befreit sich dadurch von der Skripturverpflichtung. Von namhafter Seite ist indessen die Vereinbarkeit des Konnossementsabkommens mit dem deutschen Grundsatz der Skripturverpfichtung bejaht worden, namentlich unter Berufung auf die mehrdeutig gefaßten Bestimmungen in Art. III 5 und Art. IV 5, Abs. 2. Der Entwurf des deutschen Ausführungsgesetzes soll deshalb ausgehen von der Beibehaltung der Skripturverpflichtung als einer Gewährleistungspflicht.

Wie dem auch sei, über eins muß man sich klar werden: Die Abschaffung der Skripturverpflichtung würde, gemessen an der heutigen deutschen Rechtswirklichkeit, tatsächlich keine große Rechtsänderung bedeuten; denn die bekannte stereotype Konnossementsklausel: „Inhalt, Zahl, Maß, Gewicht, Beschaffenheit, Merkzeichen, selbst wenn im Konnossement angegeben, gelten als dem Kapitän unbekannt", sie beseitigt auch heute schon in aller Regel die Skripturverpflichtung, selbst für den Verschuldungsfall. Es verdient auch betont zu werden, daß zu solcher Freizeichnung — wie jeder Reeder weiß — manch berechtigter Anlaß vorhanden ist. Eine bewußt unrichtige Ausfüllung des Empfangsbekenntnisses im Konnossement durch den Ablader kommt tatsächlich häufiger vor, als man glauben möchte. Wenn etwa die Güter in Frachttarifklassen eingeordnet sind und das System dieser Tarifklassen bis ins einzelne durchgebildet ist, dann liegt für den Ablader die Versuchung nicht fern, die Bezeichnung der Ware im Konnossement etwas zu ändern, um so die Berechnung der Fracht nach einem niedrigeren Tarif zu erzielen. Oder wenn es sich darum handelt, Waffen einzuführen in Länder, die solche Einfuhr verbieten, Alkoholschmuggel zu treiben nach trocken gelegten Plätzen, dann ist es wiederum ein naheliegender Gedanke, die Waffen- oder Rumsendung falsch zu deklarieren. Oder wenn gefährliche Chemikalien zur Ausfuhr kommen und die „Seefrachtordnung“ von 1923 — das seerechtliche Seitenstück zur Anlage C der Eisenbahnverkehrsordnung — die Verschiffung solcher gefährlichen Güter erschwert, dann ist abermals der Anreiz geweckt, durch andersartige Bezeichnung der Ware solcher Erschwerung aus dem Wege zu gehen. Oder endlich, wenn das Ladegut sichtbare Verpackungsmängel aufweist, z. B. Säcke genäht, Fässer ohne Reifen sind, dann wird der Ablader Wert darauf legen, diese Mängel im Konnossement unvermerkt zu lassen, damit der Käufer die aufzunehmenden Dokumente nicht beanstandet. Auch ereignet sich immer noch in gewissen ausländischen Häfen — zum Glück wohl nicht in deutschen — dann und wann der krasse Fall, daß ein betrügerischer Ablader mit Hilfe gefälschter Steuermannsquittungen die Ausstellung echter Konnossemente erwirkt über angeblich verladene Güter, die in Wahrheit garnicht oder nicht in angegebener Menge vorhanden sind. Begreiflich nach alle dem, wenn die Reeder darauf verweisen, die klauselmäßige Beseitigung der Skripturverpflichtung sei zu ihrem Schutze gegen derartiges Gebaren der Ablader unerläßlich!

Gesetzt nun, im künftigen Recht würde die Skripturverpflichtung fehlen, die Konnossementserklärung nur einen widerlegbaren Primafacie-Beweis bilden. Dann taucht die interessante Frage auf: Inwieweit steht hier ergänzend jeweils das allgemeine bürgerliche Recht des betreffenden Landes im Hintergrunde? Diese Ergänzung ist in Brüssel mehrfach behauptet worden. Für den englischen Rechtsverkehr würde das unter Umständen zu einem Ergebnis führen, das der Skripturverpflichtung ähnlich ist. Der Verfrachter wäre nämlich gegebenenfalls verhindert, die Unrichtigkeit des Empfangsbekenntnisses geltend zu machen gegen den gutgläubigen Konnossementsinhaber, und zwar kraft des bekannten Grundsatzes des „Estoppel by representation“. Das träfe allerdings im wesentlichen nur zu, wenn der Verfrachter das unrichtige Konnossement selbst gezeichnet hat, ein im Großbetriebe so gut wie niemals vorkommender Fall. Zweifelhaft bliebe, inwieweit der Grundsatz des Estoppel auch dann den Einwand der Konnossementsunrichtigkeit verhindern würde, wenn, wie es die Regel ist, das Konnossement nur von einem „agent“ des Verfrachters gezeichnet ist. Die englische Rechtsprechung schwankt in diesem Punkte; die schwierige Frage ist, ob die

Abgabe solcher unrichtigen Erklärung durch die „authority" des Vertreters zu Lasten des Verfrachters gedeckt ist.

Denkt man aber für das deutsche Recht an die ergänzende Heranziehung unseres BGB., so würde das bedeuten, das der Verfrachter nach wie vor für schuldhaft falsche Konnossementserklärung aufzukommen hat kraft analoger Anwendung der §§ 276, 278 BGB. Ich sage: kraft analoger, nicht kraft unmittelbarer Anwendung; denn dem Konnossementsinhaber gegenüber handelt es sich ja für den Verfrachter hierbei nicht um ein Erfüllungsverschulden, sondern um eine culpa in contrahendo, und die Exkulpationspflicht träfe auch hier, deutscher Rechtsregel wie dem Konnossementsabkommen entsprechend, den Verfrachter.

Die ergänzende Heranziehung der deutschen Verschuldungshaftung würde aber natürlich im Einzelfall zu anderen Ergebnissen führen als die Heranziehung des englischen Estoppel. Und hier zerreißt der Schleier vor einem dunklen Hintergrund: Darf und muß man ergänzend das einheimische Landesrecht heranziehen, dann ist es mit der erträumten Rechtseinheit sogleich vorbei! Dies führt mich zu einem kritischen Schlußwort:

Überschaut man das Gesamtwerk, so drängen sich zwei Eindrücke beherrschend auf. Die drei Gesetzentwürfe bedeuten sachlich in mancher Hinsicht einen wesentlichen Fortschritt, mögen sie auch recht verwickelt sein und in Einzelheiten unklar, ja offenbar verfehlt. Das hoffe ich gezeigt zu haben. Sehr zweifelhaft bleibt aber, ob das eigentliche, das höhere Ziel erreicht wird, die Herstellung zwischenstaatlicher Rechtseinheit.

Unser deutsches Seerecht ist ein einheitlicher, wohldurchdachter Organismus. Die drei Entwürfe sind es nicht. Der dritte ist der Rasse nach anglo-amerikanisch, der zweite deutsch, der erste ein Mischtypus deutsch-englisch-amerikanischen Blutes. Zumindest der dritte Entwurf, das Konnossementsabkommen, ist entstanden ohne ausreichende, inhaltliche Bezugnahme auf die beiden andern. Verneint doch der dritte Entwurf die Haftung für nautische Verschulden gegenüber dem Konnossementsinhaber, während der erste sie ebenso voraussetzt (Art. 1 Ziff. 4), wie der Brüsseler Vertrag über den Schiffszusammenstoß und das HGB. (§ 736) das tun.

Juristische Weltanschauungen standen in Brüssel gegeneinander und rangen um den Sieg. Jeder dachte und sprach in der Vorstellungswelt seines Landes, seines Volkes, und oft sprach der eine am andern vorbei, oft war in späteren Verhandlungen das nicht mehr vollen Umfangs gegenwärtig, was man vor Jahren schon beredet und beschlossen hatte. So konnte das Ergebnis nur ein buntscheckiges und zum Teil unklares Kompromiß sein. Ist es nicht bezeichnend, daß man ein Pfandrecht schuf an einer bloßen Rechnungsgröße, den 10% vom Schiffswert, und daß die deutschen Delegierten das Sinnlose dieser Bestimmung den andern anscheinend nicht klar zu machen vermochten? Ist es nicht weiter sehr bezeichnend und zugleich zukunftsträchtig, daß lange nach Verabschiedung des Haftungsabkommens plötzlich eine schwerwiegende Meinungsverschiedenheit auftauchen konnte in Bezug auf die grundlegende Frage der Haftungseinheiten und dieser Streit annoch ungeklärt ist?. Dies das Fazit einer zwanzigjährigen Arbeit, der Erfolg zahlreicher Beratungen des Comité Maritime International, ebenso zahlreicher diplomatischer Konferenzen!

Die beiden Brüsseler Verträge von 1910 über Schiffszusammenstöße und Hilfeleistung in Seenot, sie hatten Sonderfragen engen Umfanges geregelt, Sonderfragen, deren Zusammenhang mit der allgemeinen Rechtsordnung und ihren Problemen zwar keineswegs fehlte, aber doch einigermaßen im Hintergrunde blieb. Hier aber ist diese Verkettung mit allgemeinen Rechtsgrundsätzen eine sehr enge, und sie hat sich in der Frage des Estoppel und der Skripturverpflichtung bereits störend bemerkbar gemacht. In der Gerichtspraxis wird dieser Umstand sehr bald noch stärker und störender hervortreten. Jeder Richter wird mit psychologischer Notwendigkeit an Zweifelsfragen herantreten im Geiste der ihm vertrauten heimatlichen Rechtsordnung. Die Gefahr einer sehr verschiedenen Auslegung der drei Gesetze von Land zu Land ist deshalb unverkennbar groß. Deren Einarbeitung in das Landesseerecht vergrößert diese Gefahr noch; denn sie ist nicht möglich ohne Umstellungen und Wortlautänderungen. So wird das Werk wohl erst den Meister loben, wenn die Krönung des ganzen Baues hergestellt ist, wenn ein überstaatlicher Seegerichtshof als Schöpfer und Hüter wahrer Rechtseinheit seines Amtes waltet. Sicher ist es bis dahin noch ein weiter, mühevoller Weg. Aber „the law of the ocean must be one.“ Dies Ziel ist wohl des Schweißes der Edlen wert.

Grundgedanken zum System eines künftigen Handelsrechts.

Von

Professor Dr. Otto Schreiber
in Königsberg i. Pr.

Wer das geltende deutsche HGB. nach dem inneren Gehalte seines Wortlauts verstehen will, muß von der Vorstellung eines Wirtschaftslebens ausgehen, das in dieser Art heute nicht mehr besteht. Dieser Satz gilt für das ganze Gesetz, nicht nur für das Seerecht, dessen Überalterung von niemandem mehr bestritten wird. Man kann als Beleg ziemlich beliebige Partien herausgreifen; etwa die Bestimmungen über die innere Organisation des kaufmännischen Unternehmens, die die Schreibmaschine noch nicht kannten, geschweige denn die neuesten Ansätze zur Herstellung nur gesprochener Korrespondenz; oder das ganze zweite Buch über die Handelsgesellschaften, dem nicht allein die Konzentrationsbewegung, die Großunternehmung und die Unternehmenszusammenfassungen in ihren mannigfachen Formen unbekannt sind, sondern auch die Rolle der Banken in der heutigen Wirtschaft, wie sie sich z. B. in der Finanzierungstechnik der Personalunternehmungen wie der Aktiengesellschaften ausdrückt, oder, auf das dritte Buch übergreifend, im Vinkulationskauf, im bestätigten und nicht bestätigten Akkreditiv. Es sei nur noch die moderne Abwicklung der Warenlieferung im Großhandel erwähnt, Arbitrage, Lieferscheine und derartige Einrichtungen mehr, mit denen der heutige Verkehr bemüht ist, die auf der Ware ruhenden Spesen herabzudrücken, die Umgestaltung des Kommissionshandels sowie die Überwälzung des Binnenfrachtgeschäfts auf Eisenbahn und Schiffahrt oder seine Neubildungen durch Auto und Luftfahrzeug.

Diese Beispiele sind Andeutungen, kaum eine Skizze, geschweige denn ein Bild. Aber sie vergegenwärtigen doch dem Kundigen, in wie hohem Maße das ganze HGB. überaltert ist. Infolgedessen ist die Kaufmannschaft von ihm abgerückt. Die kaum übersehbare Flut der „Allgemeinen Geschäftsbedingungen" aller möglichen Branchen, die an Umfang ständig wachsenden Handelsbräuche und ihre Kodifizierung, ja, gewaltsame Herstellung, zum Teil auch die Flucht vor den ordentlichen Gerichten zu den Schiedsgerichten sind Reaktionen, Selbsthilfen des Lebens gegen ein veraltetes Gesetz. Ich habe schon 1922 in meiner Studie über Handelsbräuche darauf aufmerksam gemacht, wie schwere Gefahren aus solchen Zuständen nicht nur der Einheit, sondern auch der materiellen Gerechtigkeit des deutschen Handelsrechts drohen. Damals übersah ich noch nicht so wie heute den engen Zusammenhang dieser Erscheinungen mit Altersschwächen des Gesetzes. Heute aber muß ich die Überzeugung aussprechen, daß gegenwärtig der gesetzgebenden Gewalt die Führung auf diesem Gebiet in Besorgnis erregendem Maße entglitten ist. Ein deutscher Richter schreibt einen umfangreichen Kommentar mit dem Titel „Das Recht der Seeversicherung"[1]) und kommentiert nicht etwa das Gesetz, sondern die „Allgemeinen deutschen Seeversicherungsbedingungen". Handelskammern, Verbände, Syndizi gebärden sich wie kleine Gesetzgeber. Die praktische Arbeit der Anwälte mit der Wirtschaft hat eine Kautelar-Jurisprudenz entstehen lassen, die das Gesetz in typischen Formen derart korrigiert, daß man ein Lehrbuch darüber schreiben könnte. Das praeter legem agere wird schrittweise mehr und mehr zum obsoleten Begriff, und die Gerichte müssen diesen Schritten folgen, indem sie Gewohnheitsrecht durch usus fori schaffen.

Es wäre zu viel gesagt, wollte man diesen Sachverhalt an sich unerträglich nennen. Im Geltungsbereich des Code de Commerce ist der Abstand zwischen Gesetzeswortlaut und lebendem Recht noch viel breiter als bei uns. Auch hier ist, trotz gewichtiger und zahlreicher Stimmen, die eine Reform an Haupt und Gliedern fordern, noch nichts Grundlegendes geschehen. Aber die deutsche Auffassung vom Wesen und Wert gesetzlicher Ordnung, nicht minder auch das Interesse an der deutschen Rechtseinheit lassen den Vergleich mit den Gebieten des Code de Commerce nicht zu, noch weniger aber den mit englischen oder amerikanischen Verhältnissen. Für unsere Einstellung und unsere Interessen darf es so nicht unbegrenzt weitergehen. Eine gründliche Neuaufstellung der gesamten Handelsgesetzgebung kann für Deutschland auf die Dauer nicht umgangen werden, sie ist vielmehr eine Notwendigkeit, der man sich nicht mehr lange entziehen darf. Dies um so weniger, als eine solche Arbeit nicht in dem Eiltempo wesentlich politisch

---

[1]) Carl Ritter, 1922 ff.

beeinflußter Gesetzesreformen durchführbar ist, wie der Lauf der Zeiten sie uns letzthin leider in großer Anzahl aufzwang. Vom ersten Schritt ernsthafter Vorbereitung bis zur Vollendung eines so großen Werkes müssen notwendig viele Jahre vergehen. Sie bleiben ohnedies noch unter der Herrschaft der gegenwärtigen Verhältnisse.

Dieser erste Schritt aber ist noch nicht getan. Er müßte darin bestehen, daß festgestellt wird, welchen Umfang die Entfremdung des Lebens vom Gesetz denn in der Tat angenommen hat und welche Punkte der gesetzlichen Regelung sie angreift oder wo und wie sie das Gesetz ergänzt. Ohne Zweifel wissen wir darüber schon sehr viel. Mit abnehmender Schüchternheit dringen diese Kenntnisse in Kommentare, ja, sogar in Lehrbücher ein. Rechtstatsachenforschung und Institut für lebendes Recht suchen sie mit Methode zu erweitern. Aber alles das bleibt unvollkommen, kann aus einleuchtenden Gründen nie den Grad von Vollständigkeit und Exaktheit, der von einer Unterlage zur Neuredaktion des HGB. gefordert werden müßte, erreichen. Dazu bedürfte es einer über das ganze Reich organisierten wissenschaftlichen Arbeit mit dezentralisierter Tätigkeit und zentraler Leitung. Nur das Reichsjustizministerium könnte hierzu die Initiative ergreifen und würde sich ein großes Verdienst erwerben, wenn es diesen Weg beschritte. Bei geeigneter Anlage eines solchen Unternehmens ließe sich in relativ kurzer Zeit ein Werk schaffen, dessen praktischer Wert unabschätzbar hoch sein und das als Grundlage für die erst nach seiner Vollendung anzufassende Neuredaktion endlich einmal abgerundetes, objektives Wissen an die Stelle von Ausschnittsbildern und Interessentendarlegungen setzen würde.

Aber an dieser Stelle ist die Wissenschaft nicht berufen, mehr zu tun, als ihre Mitarbeit zur Verfügung zu stellen. Es bedarf hier materieller Mittel und einer staatsrechtlich fundierten Autorität, die der Wissenschaft als solcher fremd sind. Dagegen ist es eine Aufgabe, die der Wissenschaft obliegt und die nur sie lösen kann, klarzustellen, ob ein künftiges deutsches Handelsgesetzbuch dem System des jetzt geltenden Gesetzes folgen soll oder ob es auf neuer systematischer Grundlage zu errichten sein wird. Wenn ich im Folgenden einige Gedanken hierüber vorlege, so geschieht das in der Hoffnung, damit die Diskussion über eine Frage in Gang zu bringen, die nach meinem Dafürhalten eine aktuelle ist. Ihre Lösung ist von theoretischer Seite her in ähnlicher Weise eine Vorarbeit für die bevorstehende große Aufgabe wie von der praktischen Seite eine Untersuchung über das gegenwärtige Verhältnis des Gesetzes zum sogenannten lebenden Recht.

I.

Die Stammtafel des gegenwärtig in Deutschland geltenden HGB. führt über das ADHGB. zurück auf das ALR. und den Code de Commerce. Dieses letztere Gesetzgebungswerk war insofern ein Kind der französischen Revolution, als es mit der Überlieferung brach, den Handel unter dem Gesichtspunkt eines Standesrechts der Kaufleute zu regeln. War doch gerade die Vernichtung der aus dem Mittelalter überkommenen Stände einer der wesentlichen revolutionären Gedankeninhalte. Es wäre unerträglich gewesen, von neuem einen Kaufmannsstand mit eigenem Rechte zu schaffen. Aber man mußte nunmehr einen anderen zentralen Bezugspunkt für alle diejenigen Normen suchen, die sich als Handelsrecht vom bürgerlichen Rechte trennten. Man fand ihn im Handelsgeschäfte, dem acte de commerce. So wurde der Code de commerce das erste Handelsgesetzbuch der Erde, das sich nicht als Standesrecht der Kaufleute, sondern als sachliche Regelung der Handelsgeschäfte gab. Aber es gelang nicht, diesen neuen Begriff in allgemeingültiger und doch inhaltlich ausreichend bestimmter Form zu definieren[1]). Es konnte auch im Umkreise damals zugänglicher Rechtsgedanken nicht gelingen, ohne daß man auf den Kaufmann als den wiederum zentralen Bezugspunkt für die Handelsgeschäfte zurückgekommen wäre. Damit aber wäre wieder das Gespenst des Standesrechts erschienen. So zählte man einfach auf, welche Geschäfte als Handelsgeschäfte gelten sollten[2]). Daß man diese grundlegende Aufzählung nicht an die Spitze des Gesetzes stellte, sondern im vierten Buche des Code de Commerce unter der Überschrift „de la compétence des tribunaux de commerce" versteckte, war ein logischer Fehler im äußeren Aufbau[3]). Die französischen Lehr- und Handbücher des Handelsrechts beginnen ihren sachlichen Teil denn auch durchgängig mit der Behandlung der actes de commerce und gehen erst dann zum Kaufmann, dem commerçant, über. Das italienische Handelsgesetzbuch aus dem Jahre 1882 z. B. hat den Fehler des Code de Commerce verbessert; es läßt auf allgemeine Bestimmungen in zwei Artikeln sofort seinen Titel 2 „Degli atti di commercio", bestehend aus 5 Artikeln, folgen und bringt dann erst den Titel 3 mit der Überschrift „Dei commercianti".

Demnach war das Handelsgeschäft der zentrale Begriff des Handelsrechts geworden, in seinen einzelnen Erscheinungs-

---

[1]) Vgl. Thaller-Percerou, Traité élémentaire de droit commercial, 6 ième édition Paris 1922, Nr. 9.

[2]) C. com. art. 632 f.

[3]) Vgl. statt vieler: Léon Lacour und Jaques Bouteron. Précis de droit commercial, 3ième éd., tome 1ier, Paris 1925, Nr. 29.

formen aufgezählt in ausschließender Form (sogenannte enumerative Methode). Der Begriff „Kaufmann“ wurde zur Nebensache. Er diente lediglich dazu, den Träger einiger weniger Rechte und Pflichten zu bezeichnen, die mit seiner Berufstätigkeit zusammenhängen[1]).

So war also das große Vorbild geltender Handelsgesetzgebung aufgebaut, als die Nürnberger Kommission am 15. Januar 1857 zum ersten Male zusammentrat. Ihr lagen zwei Entwürfe vor: ein preußischer und ein österreichischer, letzterer in zwei Fassungen, einem sogenannten „ministeriellen“ und einem zweiten sogenannten „revidierten“ Entwurf[2]). Von diesen wurde bekanntlich der preußische Entwurf den Beratungen zugrunde gelegt, während der österreichische gleichzeitig voll beachtet werden sollte[3]). Dieser preußische Entwurf verriet sehr deutlich seine Abstammung aus dem Gedankenkreise des Allgemeinen Landrechts und seines Ständestaates[4]). Für ihn ist der Kaufmann der zentrale Begriff des Handelsrechts (Art. 2), Handelsgeschäfte sind ihm „die einzelnen Geschäfte eines Kaufmanns“ (Art. 211). Der Kaufmannsbegriff aber wird in Nachahmung der enumerativen Methode des Code de Commerce durch eine Aufzählung der wichtigsten Gegenstände kaufmännischer Tätigkeit bestimmt (Art. 2). Der österreichische ministerielle Entwurf verzichtet auf eine eigentliche systematische Durchführung seines Aufbaues und auf eigene Begriffsbestimmungen, faßt aber in seinem § 1 das Handelsrecht immerhin als den Inbegriff derjenigen Normen auf, „durch welche die aus dem Handelsverkehr entspringenden Privatrechte und -pflichten der Handelsleute . . . . . bestimmt werden“. Zugleich überschreibt er sein erstes Hauptstück „Von den dem Handelsrechte unterworfenen Personen“. Er will also ebenfalls, im Gegensatz zum Code de Commerce und ähnlich wie der preußische Entwurf, vom Kaufmann ausgehen und nicht vom Handelsgeschäft. Dagegen definiert der österreichische revidierte Entwurf (§ 1) das Handelsrecht als „den Inbegriff der besonderen gesetzlichen Vorschriften, durch welche die auf Handelsgeschäfte gegründeten Privatrechte und Verbindlichkeiten bestimmt werden“. Er bringt dann aber keine eigene Legaldefinition des Begriffes „Handelsgeschäft“ und nennt in § 7 „Handelsleute“ jene Personen, „welche nach Erfüllung der gesetzlichen Erfordernisse Handel gewerbsmäßig treiben oder durch Andere in ihrem

[1]) Vgl. Lyon-Caen und L. Renault, Manuel de droit commercial, 14ième éd., Paris 1924, Nr. 45.

[2]) Vgl. Protokolle, Amtliche Folioausgabe, Bd. I, S. 162.

[3]) Protokolle S. 6.

[4]) Vgl. ALR., II, 8, §§ 475 ff., (7. Abschn. von „Kaufleuten“).

Namen treiben lassen". Jedoch ist auch dies keine abschließende Definition, da der § 8 es zuläßt, daß andere „Gewerbetreibende und Besitzer von Fabriken oder anderen auf Gewinn berechneten Unternehmungen" den Handelsleuten durch gesetzliche Vorschriften gleichgestellt werden. Der aus der ersten Lesung hervorgegangene Kommissionsentwurf[1]) entsprach in seinem Aufbau[2]) durchaus dem preußischen Vorschlage. Erst im Laufe der zweiten Lesung, in der Sitzung vom 20. Januar 1858[3]), kam der entscheidende Umschwung, und zwar durch einen Antrag, den der Referent, Vertreter Preußens, gegen den eigenen preußischen Entwurf einbrachte. Die Begründung zu diesem Antrage enthält deutliche Anspielungen auf den Coe de Commerce[4]). Sie zeigt aber, daß der Antragsteller die ganze Angelegenheit wesentlich als eine Frage der Gesetzestechnik betrachtete und sich ihres weitergreifenden grundsätzlichen Inhalts nicht bewußt war. Auch die Diskussion in den betreffenden Sitzungen ergibt nichts für diese Erkenntnis. So also ist es gekommen, daß das ADHGB. sich in einem wesentlichen, geradezu ausschlaggebenden Punkte aus dem Gedankenkreise des ALR. löste, um sich an die Seite des Code de Commerce zu stellen[5]).

Die praktische Tragweite dieser Umstellung wurde immerhin gemildert durch den Art. 273 ADHGB.: „Alle einzelnen Geschäfte eines Kaufmanns, welche zum Betriebe eines Handelsgewerbes gehören, sind als Handelsgeschäfte anzusehen." Diese Bestimmung stand bereits dem Sinne nach in Art. 211 des preußischen Entwurfes und wiederholte sich in Art. 233 des Entwurfs erster Lesung. Hier war sie selbstverständliche Folgerung aus dem System der Entwürfe. Denn jene Entwürfe gingen ja vom Kaufmannsbegriff aus und mußten folgeweise als Handelsgeschäfte die Gewerbsgeschäfte eines Kaufmannes bezeichnen. Sie sollte nach dem Antrag auf Umstellung des Systems erhalten bleiben[6]). Aber nun bedeutete sie nicht mehr eine folgerichtige Anwendung des Systems, sondern eine vom System an sich nicht geforderte Ausweitung des Begriffes Handelsgeschäft. Diese Ausweitung wurde in der Diskussion ange-

---

[1]) Protokolle, Bd. II, (Beilage).

[2]) Vgl. Art. 2 und 233.

[3]) Protokolle Bd. III, S. 1254 ff.

[4]) Vgl. z. B. Protokolle Bd. III, S. 1266 zu 2.

[5]) Vgl. dazu L. Goldschmidt, Handbuch des Handelsrechts, Bd. I, 1, (Erlangen 1864), S. 322ff.; Heinrich Thöl, Das Handelsrecht, Bd. 1, 5. Aufl. (Leipzig 1875), S. 98f.

[6]) Art. 235 dieses Antrages; vgl. Protokolle Bd. III, S. 1264.

griffen[1]), wurde aber, besonders mit dem Hinweis darauf, sie habe sich in der rheinischen Praxis bewährt, erfolgreich verteidigt. In der Tat kennt der Code de Commerce eine derartig erweiterte Regel nicht. Die französische Lehre und Praxis hatten aber schon damals vollkommen eingesehen, daß die Begriffsbestimmungen des Code de Commerce praktisch zu enge waren, und hatten begonnen, sie auf dem Wege analoger Rechtsanwendung zu erweitern[2]). Zu einer allgemeinen und grundsätzlichen Erweiterung, wie sie Art. 273 ADHGB. gibt, war man aber in Frankreich damals noch nicht vorgedrungen. Der damalige Stand der rheinischen Praxis ist wohl der gleiche gewesen wie der der französischen, sonst hätte Goldschmidt gewiß seine Abweichungen erwähnt. Es gibt aber keine bessere Rechtfertigung für die Ausweitung des Begriffes Handelsgeschäft in dem Antrag und folgeweise in Art. 273 ADHGB. als die, daß etwa 20 Jahre später die französische Wissenschaft und Praxis mit der sogenannten „théorie de l'accessoire" dem deutschen Gesetz zu folgen versuchte[3]). So nahm also das deutsche Gesetz eine in Frankreich damals bereits als notwendig erkannte, jedoch erst sehr viel später vollendete Entwicklung durch diese Bestimmung voraus.

Als das Bürgerliche Gesetzbuch in Kraft trat, hätte man das HGB. so umarbeiten müssen, daß es in seinem System zum BGB. paßte. Denn es stand ja nunmehr zu diesem neuen Gesetzgebungswerk im Verhältnis eines Ergänzungsgesetzes. Das geschah aber nicht. Vielmehr war die Behandlung der Umgestaltung eine recht flüchtige. Nach einem Vorentwurf vom Herbst 1895 kam 1896 ein revidierter Entwurf heraus. Er wurde auf Grund öffentlicher Kritik nochmals revidiert und ging Ende 1896 den gesetzgebenden Körperschaften zu. Im Reichstage wurde er am 8. Februar 1897 erstmalig beraten und bereits am 1. April 1897 verabschiedet, nachdem er sechs ganze Sitzungstage in Anspruch genommen hatte. Zwischen der ersten und zweiten Lesung war er von einer Einundzwanziger-Kommission näher bearbeitet worden[4]). Bei einer so eiligen Behandlung dieser wichtigen Aufgabe kam natürlich eine systematische Umarbeitung des Ganzen nicht heraus, sondern nur eine „Aptierung". Immerhin verließ man das System des

---

[1]) Sitzung vom 23. Januar 1858, Protokolle Bd. III, S. 1283 ff., insbesondere S. 1287.

[2]) Vgl. Goldschmidt, aaO., S. 182 ff., insbesondere S. 182, Anmerkung 2.

[3]) Vgl. Lacour/Bouteron aaO. Nr. 64 ff., insbesondere Nr. 73.

[4]) Diese allgemein bekannten Daten habe ich entnommen aus Paul Rehme: Geschichte des Handelsrechts, in Ehrenbergs Handbuch, Bd. 1, S. 254ff.

ADHGB. und kehrte zum System des preußischen Entwurfes für die Nürnberger Kommission zurück. Wiederum wurde der Kaufmann zum Grundbegriffe des Handelsrechts gemacht, die Handelsgeschäfte dagegen als die Gewerbsgeschäfte eines Kaufmanns definiert. Bis in Einzelheiten hinein entsprach die Einteilung und der Aufbau des ministeriellen Entwurfs und folgeweise auch des HGB. der damals bereits 40 Jahre alten preußischen Gesetzgebungsarbeit, die, wie bereits betont wurde, ihrerseits wiederum auf dem Allgemeinen Landrechte fußte. War im ALR. die Dreiteilung in Handelsstand (II, 8, §§ 475 bis 613), Handelsgesellschaften (§§ 614—683) und Handelsgeschäfte (§§ 684—712) bereits vollkommen deutlich, so finden wir sie noch heute im HGB. wieder. Die Zuteilung der Handlungsgehilfen, Handlungslehrlinge und der Prokura zum ersten Buche steht im ALR.[1]). Auch die Handelsbücher finden sich bereits dort in diesem ersten Abschnitt[2]). Register, Firma und Mäkler sind im ADHGB., Agenten erst durch das jetzt geltende HGB. hinzugefügt worden. Nicht minder findet man die merkwürdige Gesetzestechnik, daß die einzelnen Handelsgeschäfte zunächst als Gewerbe definiert werden („Kommissionär ist, wer es gewerbsmäßig übernimmt . . . . ." usw.), um dann nachträglich durch eine Hilfsbestimmung erst ihren eigentlichen Charakter als Rechtsformen des Handelsschuldrechts zu erhalten[3]), bereits im preußischen Entwurfe vorgezeichnet[4]). Dieser gesamte Aufbau ist offensichtlich aus dem Geiste des ALR. gedacht, der auf diese Weise gerade dasjenige Privatrechtsgesetz beherrscht, das von allen das modernste, zeitgemäßeste sein sollte. Es ist bis in Einzelheiten hinein durchaus im Sinne des Ständestaats empfunden, und die Überschrift „Handelsstand" über dem ersten Buche des HGB. bedeutet in der Tat mehr als ein vereinzeltes Überbleibsel aus früherer Zeit. Wer im Auge behält, daß das HGB. in dieser grundsätzlichen Aufteilung seiner Bestimmungen ein Ergänzungsgesetz zum BGB. sein soll, wird außerdem, ganz abgesehen von dem Unzeitgemäßen des ständischen Grundgedankens, die Einteilung mangelhaft finden müssen. Denn von der Systematik des BGB. aus gesehen, gehören Prokura und Handlungsvollmacht in den allgemeinen Teil, während Handlungsgehilfen, Handlungslehrlinge, Mäkler und Agenten dem besonderen Teil der Schuldverhältnisse anzugliedern sind. Auch mit der Darstellung der Typen der Schuldverträge unter dem

[1]) II, 8, §§ 497 ff.

[2]) II, 8, §§ 562 ff.

[3]) Vgl. HGB. §§ 406, 415, 451.

[4]) Art. 277 mit 295; Art. 296 mit 304; Art. 306 mit 326.

Gewande einer Gewerbeform wird man sich kaum befreunden können. Es ist denn auch nicht ausgeblieben, daß der berufsständische Grundton im HGB. zu erheblichen sachlichen Unzuträglichkeiten geführt hat.

II.

Die erste und weittragendste dieser Unzuträglichkeiten besteht darin, daß durch die Neuredaktion des HGB. der Kaufmannsbegriff unvermerkt in zwei Elemente auseinandergefallen ist, die einander völlig fremd sind und in Wahrheit in einem einheitlichen Begriff garnicht vereinigt werden können. Indem man nämlich in § 343 HGB. definierte: „Handelsgeschäfte sind alle Geschäfte eines Kaufmanns usw.", machte man die Frage, ob ein Handelsgeschäft, d. h. ob überhaupt ein handelsrechtlicher Tatbestand vorliege, ein für allemal abhängig davon, ob ein Kaufmann beteiligt sei oder nicht. Von dieser Seite aus gesehen wurde der Kaufmannsbegriff zum juristisch-konstitutiven Zentralbegriff des Handelsrechts überhaupt. Er hatte nichts mehr mit Berufsausübung, folgeweise auch nichts mehr mit dem Handelsstande zu tun, sondern betraf allein den dominus negotii der zum Betriebe eines bestimmten Handelsgewerbes gehörigen Geschäfte. Denn ein Rechtsgeschäft kann als Geschäft „eines Kaufmanns" nicht wegen der Berufstätigkeit des Betroffenen, sondern nur wegen seiner Stellung als Unternehmensinhaber, als juristischer Bezugspunkt aller für das Unternehmen getätigten Geschäfte gelten. Der so definierte „Kaufmann" ist notwendig Inhaber, nicht auch notwendig Leiter dieses Handelsgewerbes. Seine Kaufmannseigenschaft konstituiert den handelsrechtlichen Charakter der Geschäfte seines Unternehmens. Außer dieser rein juristischen Funktion kommen ihr weitere Wirkungen nicht zu, wie sie denn auch an keinerlei weitere Voraussetzungen geknüpft ist als eben an die Inhaberstellung in bezug auf das Handelsgewerbe. Aus diesem Sachverhalt zieht die bekannte, dem üblichen Sprachgebrauch so völlig widerstrebende Auslegung des Wortes „betreiben" in der Definition des Kaufmannsbegriffs in § 1 HGB. „Kaufmann ist, wer ein Handelsgewerbe betreibt", ihre Nahrung. Anderseits bekleidete man den „Kaufmann" mit gewissen Rechten und Pflichten, die im Laufe der Zeit hier und da noch vermehrt wurden und die bei dem Betroffenen die Ausübung des Kaufmannsberufes, die tatsächliche Leitung eines Handelsgewerbes voraussetzen. Hierhin gehören z. B. die Pflicht, Handelsbücher zu führen und die Anmeldungen zum Handelsregister zu betätigen, ferner das Recht, Handelsrichter zu werden, oder die Exemption des Kaufmanns von den Schutzwirkungen des Gesetzes betreffend die Abzahlungsgeschäfte sowie die Voraussetzungen der Börsentermingeschäftsfähigkeit[1]). Man übersah, daß es sachwidrig war, mit diesen Rechten und Pflichten das juristische Abstraktum „Kaufmann" zu bedenken, weil die berufsständisch gebundene Vorstellungsweise wiederum bei dem Worte „Kaufmann" nur an den kaufmännisch berufstätigen Menschen in Chefstellung dachte. Sie ließ vergessen, daß im Zentralpunkte des neugewählten Systems nicht mehr der Berufskaufmann, sondern der beruflich undefinierte Unternehmensinhaber stand.

Diese Zersplitterung des Kaufmannsbegriffs im HGB. ist keineswegs neu; sie war bereits im Code de Commerce enthalten, trotz dessen bekannter Definition: „Sont commerçants ceux qui exercent des actes de commerce, et en font leur profession habituelle".[2]) Denn die Möglichkeit, Konkurs zu machen, hängt ja im französischen Recht von der Kaufmannseigenschaft des Gemeinschuldners ab, und dieser Umstand führte naturgemäß aus dem Berufsbegriff heraus zum dominus negotii. Es ist denn auch nach dem Inhalte der französischen Literatur ganz klar, daß nicht nur derjenige Kaufmann ist, der selbst diesen Beruf ausübt, sondern auch derjenige, der ihn durch einen Anderen in seinem Namen ausüben läßt[3]). Auch im ADHGB. galt bereits Entsprechendes.[4]) Hier war diese Auffassung allerdings nicht dadurch notwendig, daß allein der Kaufmann Konkurs machen konnte, sondern durch die Generalklausel des Art. 273, die „alle einzelnen Geschäfte eines Kaufmanns, welche zum Betriebe seines Handelsgewerbes gehören", als Handelsgeschäfte bezeichnet. Aber im Gebiete des Code de Commerce führt diese systematisch zweifellos nicht fehlerfreie Anlage des Kaufmannsbegriffs nicht oder kaum zu praktischen Schwierigkeiten, weil nach französischem Recht ein Handelsgewerbe durch gesetzliche Vertreter im Namen des Vertretenen nicht geführt werden kann[5]). Dadurch entfallen die im geltenden deutschen Recht besonders unangenehmen Sachverhalte, in denen nach dem Wortlaut der Gesetze die Pflicht zur Buchführung oder zur Registeranmeldung auf Minderjährigen oder sonst Geschäftsunfähigen ruht. Auch im Geltungsbereiche des ADHGB. wurde die Tragweite des systematischen Fehlers dadurch wesentlich eingeschränkt, daß im Mittelpunkte des Systems nicht der Begriff des Kaufmanns,

[1]) Gesetz betr. die Abzahlungsgeschäfte § 8, Börsengesetz § 53.

[2]) C. com., Art. 1.

[3]) Vgl. z. B. Thaller-Percerou aaO. Nr. 147; Lyon-Caen-Renault aaO. Nr. 47 Ziff. b.; Nr. 54.

[4]) Vgl. statt vieler Friedrich von Hahn, Kommentar (Braunschweig 1863) Anmerkung zu Art. IV, § 5.

[5]) Vgl. Thaller-Percerou aaO. Nr. 147.

sondern der des Handelsgeschäftes stand. Dieser letztere Begriff aber hing wiederum nur im Falle der verhältnismäßig selten angewandten Generalklausel vom Kaufmannsbegriff ab.

Durch den Systemwechsel im HGB. wurden diese Verhältnisse vollkommen andere. Der Kaufmannsbegriff rückte in eine zentrale Stellung ein; der Begriff Handelsgeschäfte wurde zu seiner Funktion, und zwar zu seiner wichtigsten, während die mit dem Kaufmannsberuf als solchem zusammenhängenden Rechte und Pflichten demgegenüber zurücktraten. Im Schatten der grundsätzlich berufsständischen Auffassung des Kaufmannes entging diese Wandlung der Aufmerksamkeit der Redaktoren des neuen Gesetzestextes und wurde zur Quelle für die lange Reihe wohlbekannter Streitfragen und Interpretationsschwierigkeiten, die mit dem Kaufmannsbegriff gerade wegen der Berufsrechte und Berufspflichten aufgetreten sind und in der handelsrechtlichen Literatur der Gegenwart eine so große Rolle spielen. Man hat lange Zeit und vergeblich der Lage dadurch Herr zu werden versucht, daß man immer von neuem die Frage aufwarf, ob dieser oder jener Rechtsträger Kaufmann sei oder nicht. In ein neues Stadium sind die Erörterungen dadurch getreten, daß Victor Ehrenberg diese Fragestellung für verkehrt erklärte und statt dessen den Satz aufstellte, daß man die Kaufmannseigenschaft keineswegs entweder gänzlich oder gar nicht hat, sondern daß man sie mehr oder weniger haben kann[1]). Es kann wohl kein Zweifel darüber bestehen, daß diese Deutung zwar geeignet ist, sachliche Unzuträglichkeiten zu beheben, daß sie aber den Sinn der Gesetzessprache von dem der Werktagssprache doch in nicht unbedenklicher Weise abrückt. Hiermit soll nicht gegen die Ausführungen Ehrenbergs Stellung genommen werden. Es soll nur gezeigt werden, bis zu welchen Kunstgriffen das System des geltenden Rechts den auslegenden Juristen treibt, der darauf besteht, ihm ein sachgemäßes Ergebnis abzugewinnen. Denn eine solche Beobachtung scheint mir geeignet zu sein, die Ansicht zu erhärten, daß dieses System fehlerhaft ist. Immerhin mag die Frage zur Diskussion gestellt werden, ob man nicht mit der Annahme eines zwiespältigen Kaufmannsbegriffs im HGB. doch zu einem besseren Bilde kommt. Der juristisch-konstitutive Begriff „Kaufmann“ würde sich m. E. einheitlich durch das ganze Privatrecht durchführen lassen[2]).

---

[1]) Am schärfsten in seinem Aufsatz „Die Kaufmannseigenschaft des Kommandantisten", ZHR. Bd. 87 (1924) S. 362; aber bereits im Handbuch des gesamten Handelsrechts, Bd. II, 1918, insbesondere S. 13.

[2]) Daß diese Möglichkeit für den einheitlichen Kaufmannsbegriff nicht besteht, weist Ehrenberg's Handbuch, aaO, S. 69f. überzeugend nach.

Der von dem ersteren unabhängige berufsständische Kaufmannsbegriff wäre seinem Inhalte nach auf natürliche Personen beschränkt und würde in den zahlreichen Streitfragen zwanglos zu brauchbaren Entscheidungen führen. Auch diese Auffassung rettet das System als solches nicht, deckt vielmehr seine Mängel eher noch schärfer auf. Aber als Leitfaden für die Auslegung hätte sie den Vorzug größerer Sicherheit und Klarheit.

Die zweite schwere Unzuträglichkeit, die von dem Fortleben des Allgemeinen Landrechts im HGB. herrührt, betrifft den Aufbau des Kaufmannsbegriffs in sich selbst. Daß dieser Aufbau mit seinen Kataloggewerben des § 1, dem ihretwegen erforderlichen Minderkaufmannsbegriff des § 4 und den gegenüber diesen beiden Begriffen aus der Generalklausel des § 2 sich ergebenden Überschneidungen[1]) unnötig kompliziert ist und vielfache Rechtsunsicherheit schafft, ist wohl heute allgemein anerkannt[2]). Insbesondere ist der Fortbestand der enumerativen Methode in Gestalt des Katalogs (§ 1 HGB.), von modernen Verhältnissen aus gesehen, kaum noch verständlich. Der Versuch, aus der unbeschränkten Fülle kaufmännischer Erwerbsmöglichkeiten gewissermaßen das Kernstück durch ausschließende Aufzählung zu erfassen, widerstreitet völlig heute selbverständlichen Anschauungen. Kaufmännische Tätigkeit bedeutet uns Heutigen nicht mehr die Beschäftigung mit gewissen Gegenständen, sondern die Anwendung bestimmter Methoden zu Zwecken des Erwerbes. Die Meinung, als ob es „natürliche Handelsgewerbe" gäbe, fristet nur noch in engen Kreisen alt eingewurzelten Großhändlertums gelegentlich ein überlebtes Dasein. Hier aber tritt sie als Äußerung eines typischen Standesbewußtseins auf und weist damit den Weg auf ihre geschichtliche Entstehung zurück. Trotz einer bereits sehr entschieden auftretenden Kritik an der enumerativen Methode als solcher ließ man sie doch im Entwurfe zum HGB. als Grundlage des Kaufmannsbegriffes bestehen, weil man andernfalls Unklarheiten befürchtete, und fügte nach dem Vorbilde modernerer Gesetzgebung, insbesondere des Schweizerischen Obligationenrechts, die Generalklausel des § 2 nur hinzu[3]). Die einzelnen Nummern des jetzt geltenden Katalogs sind

---

[1]) z. B. bei der bekannten Streitfrage, was in § 4 „Umfang des Handwerks" bedeute.

[2]) Ein umfangreicher literarischer Nachweis kann wohl erspart werden. Vgl. statt vieler die Ausführungen von Ehrenberg, Handbuch, aaO. insbesondere S. 2, 41f.; auch Schreiber in Archiv für Rechts- und Wirtschaftsphilosophie, Bd. 16 (1923) S. 390f.

[3]) Vgl. die Ausführungen in der ersten Denkschrift zum Entwurf (Berlin 1896), S. 8ff., insbesondere S. 12.

mit geringfügigen redaktionellen Abweichungen eine Addition der ehemaligen absoluten und relativen Handelsgeschäfte aus Art. 271, 272 des ADHGB. Diese wiederum gehen in unmittelbarer Abstammung und mit sehr geringer Veränderung zurück auf die Aufzählungen in Art. 2 des Preußischen Entwurfs, welcher der Nürnberger Kommission vorlag. Diese Aufzählung als solche hat freilich im ALR. noch kein Vorbild. Aber wenn ALR. II, 8, § 475, definiert: „Wer den Handel mit Waren oder Wechseln als sein Hauptgeschäft treibt, wird ein Kaufmann genannt", so ist damit deutlich die geistige Grundeinstellung gegeben, die den Kaufmann am Gegenstande und nicht an der Methode seiner Tätigkeit erkennen will. Das ist für die Auffassungen des Ständestaates selbstverständlich. Die „Handelsleute" in § 7 des revidierten österreichischen Entwurfes sind nichts anderes. Die Erweiterung des Kaufmannsbegriffs durch die Aufzählung noch anderer Tätigkeiten bedeutet nur eine Verwässerung, keine Änderung des Grundgedankens. Ihr gegenüber mutet die in § 8 des revidierten österreichischen Entwurfs ins Auge gefaßte Gleichstellung von „Gewerbetreibenden und Besitzern von Fabriken oder anderen auf Gewinn berechneten Unternehmungen" schon fast modern an. Der Katalog in § 1, Abs. 2, HGB. steht nach Grundgedanken und Ausführung ganz im Geiste des ALR., und neben ihm verkörpert die Definition im § 2 HGB. ohne geistige Brücke die moderne Auffassung.

Dieser Katalog wiederum schuf die praktisch unerfreuliche Möglichkeit der Existenz nichteingetragener Vollkaufleute und führte zur Beibehaltung des nach Einführung des BGB. durchaus überflüssigen Begriffs der Minderkaufleute[1]). Auch dieser Begriff war in Art. 10 ADHGB. bereits vorgebildet. Er fehlte noch im preußischen Entwurf und entstammt dem bereits erwähnten Antrage des preußischen Vertreters in der Sitzung zweiter Lesung der Nürnberger Kommission vom 20. Januar 1858[2]). Daß man damals die Minderkaufleute aus dem Handelsrechte nicht einfach ausschloß, erklärt sich vermutlich aus dem Bestreben, den Geltungsbereich der neu zu begründenden deutschen Rechtseinheit so weit wie möglich zu erstrecken. Nachdem diese aber durch das BGB. in dem weitestmöglichen Umfange gesichert ist, sollte man die heute als Minderkaufleute bezeichneten Gruppen nach dem Muster des

---

[1]) Vgl. über die praktische Entbehrlichkeit der Minderkaufleute Arno Neumann: Haben die Minderkaufleute ein Interesse an ihrer Sonderstellung im Handelsgesetzbuche? — Diss. rer. pol. Königsberg 1926, XI und 70 S.

[2]) Vgl. Protokolle Bd. III, S. 1263.

§ 2 HGB. schlechtweg zu den Nichtkaufleuten rechnen, wie das ja z. B. beim Lohnhandwerk bereits geschieht. Der Code de Commerce kennt nach seinem Wortlaut eine dem § 4 HGB. entsprechende Ausnahme nicht. Die französische Praxis hat eine solche auch nicht eingeführt[1]). Von theoretischer Seite wird aber nicht etwa die Nachbildung der deutschen Bestimmungen empfohlen, sondern der Ausschluß des Kleingewerbes aus dem Handelsrecht[2]). Aus Anlaß der Bearbeitung des Textes des gegenwärtigen HGB. wurde die Frage, ob der Begriff „Minderkaufmann" notwendig sei oder ob das Kleingewerbe zu den Nichtkaufleuten gerechnet werden solle, gar nicht geprüft. Das wird zu den vielen, bei dieser Gelegenheit begangenen Unterlassungssünden gezählt werden müssen.

III.

Die soeben in gedrängter Kürze und bewußt auf das Typische beschränkter Auswahl vorgeführten Vorgänge aus etwa einem Jahrhundert jüngster Handelsgesetzgebungsgeschichte zeigen, daß weder der Begriff „Handelsgeschäft" noch der Begriff „Kaufmann" sich als Zentralbegriff für ein systematisch aufgebautes Handelsrecht eignen. Der Begriff „Handelsgeschäft" tut das um deswillen nicht, weil er erst nach einem anderweiten Begriff bestimmt werden muß. Er würde also entweder zu erneuter Anwendung der längst als unzulänglich erkannten enumerativen Methode zwingen oder seinen Rang alsbald an jenen anderen Begriff abtreten, nach dessen Inhalt das Handelsgeschäft selbst sich vom Geschäfte des bürgerlichen Rechtes abzutrennen hat. Der Begriff „Kaufmann" wiederum ist ungeeignet, weil er die Doppeleigenschaft als Angabe einer Berufstätigkeit einerseits und als konstitutiver Begriff für das Handelsgeschäft anderseits nicht ablegen kann und dadurch notgedrungen zu sachlichen wie theoretischen Schwierigkeiten führt.

Ferner haben die bisherigen Darlegungen ergeben, daß das „System" des jetzt in Deutschland geltenden HGB. diesen Namen nur mit großen Einschränkungen verdient, und daß aus diesem Mangel im Aufbau des Gesetzes recht erhebliche praktische Schwierigkeiten in der Tat entstanden sind.

So scheint sich die Notwendigkeit zu zeigen, für den Fall einer künftigen gründlichen Reform des geltenden Handelsrechtes eine neue systematische Anlage des Gesetzbuches, will sagen einen neuen zentralen Bezugspunkt seiner Normen.

---

[1]) Vgl. Dalloz, Répertoire Pratique s. v. Commerçant Nr. 2 bis 15.

[2]) Vgl. z. B. Lyon-Caen und Renault aaO. Nr. 50.

zu suchen. Es bedarf glücklicherweise keiner großen Entdeckungsfahrten und Experimente, um ihn zu finden. Vielmehr handelt es sich nur darum, dicht an der Oberfläche liegende Ergebnisse jüngerer und älterer wissenschaftlicher Tätigkeit in dem angegebenen Sinne zu verwerten. Denn die Wissenschaft hat uns insbesondere durch die Arbeiten von Pisko, Rosenstock, Erwin Jacobi, Oppikofer u. a. mit dem Begriff des Unternehmens in sehr eingehender Weise bekannt gemacht[1]). In Wahrheit gehen auch die Bemühungen der gesetzlichen Formeln wie der wissenschaftlichen Arbeit mindestens seit dem ADHGB. dahin, das Handelsunternehmen und die zu ihm gehörigen Geschäfte durch die Handelsgesetzgebung zu erfassen und in brauchbarer Weise von den Geschäften des bürgerlichen Rechtes abzugrenzen. Aus der Definition des § 343 HGB. wie schon aus der des Art. 273 Abs. 1 ADHGB. brauchte man nur die Worte „eines Kaufmanns" zu streichen und statt „seines Handelsgewerbes" zu setzen „eines Handelsgewerbes", um die eindeutige Charakterisierung der Handelsgeschäfte als Unternehmensgeschäfte vor sich zu haben: „Handelsgeschäfte sind alle Geschäfte, die zum Betrieb eines Handelsgewerbes gehören." Wenn Heinrich Thöl schreibt[2]), daß im Handelsrecht alles auf die Bestimmung des Handelsgewerbes ankomme, und daß dieses nach einem kodifizierten und besonderen Rechte verlange, oder wenn Ehrenberg[3]) mit Recht darlegt, der Registerrichter prüfe das Unternehmen und nicht die Person, bevor er die Eintragung verfüge, und damit ausspricht, daß die Firma nicht den Kaufmann, sondern das Unternehmen individualisiert, so zeigt sich in solchen und anderen Äußerungen der Wissenschaft die Überzeugung, daß weder der Kaufmann noch das Handelsgeschäft im Zentrum des Handelsrechtes zu stehen haben, sondern eben das Handelsunternehmen, nicht minder deutlich als in den Darlegungen von Karl Wieland[4]), daß sich das Handelsrecht in Wahrheit um den Unternehmensbegriff gruppiert, oder in den jüngst erschienenen Ausführungen von Lorenzo Mossa[5]) über die Grund-

---

[1]) Oskar Pisko, Das kaufmännische Unternehmen, in Ehrenberg's Handbuch des gesamten Handelsrechts, Band 2 (Leipzig 1918) S. 195 bis 462; Eugen Rosenstock, Vom Industrierecht (Festgabe für Xaver Gretener) Berlin und Breslau 1926; derselbe: Lebensarbeit in der Industrie (Berlin 1926); Oppikofer: Das Unternehmensrecht, Tübingen 1927.

[2]) aaO. S. 97.

[3]) Handbuch aaO. S. 140 Anm. 28.

[4]) Handelsrecht, Bd. 1 (München und Leipzig 1921), S. 143ff.

[5]) I problemi fondamentali del Diritto Commerciale, in Rivista del Diritto Commerciale, Bd. 24 (1926) S. 233ff.

begriffe des Handelsrechtes. Es wäre also in der Tat nur eine Konsequenz längst getaner Arbeit, wenn man in einem künftigen deutschen Handelsgesetzbuch weder den Kaufmann noch das Handelsgeschäft, sondern das Handelsunternehmen als Zentralbegriff an die Spitze des Ganzen stellen würde. Die Definition ergäbe sich von selbst: „ein Handelsunternehmen ist ein gewerbliches Unternehmen, das nach Art und Umfang kaufmännischer Einrichtungen bedarf und in das Handelsregister eingetragen ist.“ Von hier aus gesehen, würde dann das erste Buch vom Handelsunternehmen handeln, die Bestimmungen über Register, Firma und die Bücher enthalten und etwa noch besondere Vorschriften in sich aufnehmen können, die aus den Arbeiten über das Unternehmensrecht bis dahin vielleicht noch zur gesetzlichen Regelung reif geworden sind. Die Firma könnte zutreffend als der Name bezeichnet werden, unter dem man die zum Handelsunternehmen gehörigen Geschäfte abschließt; es wäre nichts dagegen einzuwenden, wenn man mit dem Inhalte der Firma nach wie vor die Person des Inhabers eines Unternehmens verbinden will; dagegen würden sich die Vorschriften über die Erhaltung der Firma bei einer Übertragung des Unternehmens als überflüssig ergeben, da ja die Firma bestimmt ist, das Unternehmen und nicht die Person des Inhabers im Handelsverkehr zu individualisieren, und infolgedessen trotz Wechsels des Inhabers bei Fortbestand des Unternehmens erhalten bleiben muß. Der Kaufmannsbegriff wäre sinngemäß streng auf die Berufsausübung zu beschränken und wäre daher nicht mehr mit der Inhaberschaft, sondern mit der Leitung eines Handelsunternehmens zu verbinden. Die Rechte und Pflichten des Kaufmanns würden dadurch sich klar und deutlich ausschließlich auf berufstätig mit der Leitung eines Handelsunternehmens Beschäftigte beziehen. Der „Inhaber eines Handelsunternehmens“ würde im wesentlichen als Rechtsträger der Unternehmergeschäfte und evtl. als gesamtschuldnerischer Mitschuldner etwa verhängter Ordnungsstrafen auftreten. Im zweiten Buche würden die „Handelsgesellschaften“ unter der Sammelbezeichnung „Unternehmensformen“ behandelt werden können, und man würde dabei, dies sei nebenher bemerkt, nur zufällig außerhalb des HGB. stehende Rechtsformen, wie Gesellschaften m. b. H., sachgemäß in dieses einbeziehen. Es würde zu erwägen sein, ob man dann nicht zweckmäßig den heute im HGB. noch vertretenen „Formkaufmann“ aufgäbe und statt dessen bestimmte, daß die für eine Handelsgesellschaft abgeschlossenen Rechtsgeschäfte stets als Handelsgeschäfte gelten. Diese Handelsgeschäfte selbst würde das dritte Buch zu regeln haben und würde sie definieren als Geschäfte, „die zum Betriebe eines Handelsunternehmens gehören". Die dazu gehörenden ergänzenden Normen nicht auf den Kaufmann, sondern auf das Handelsunternehmen zu beziehen, würde eine Redaktionsarbeit sein, der erhebliche Schwierigkeiten nicht entgegenstünden. Prokura und Handlungsvollmacht, Handlungsgehilfen und Handlungslehrlinge, Agenten und Mäkler würden aus dem ersten Buche zu entfernen und unter Handelsgeschäfte im dritten Buche zu regeln sein. Die vielfach angewandte Technik, die Normierung eines Handelsgeschäftes auf eine Gewerbeart zu begründen, würde nach dem Muster des Bürgerlichen Gesetzbuches durch die Definition eines schuldrechtlichen Typus zu ersetzen sein und leicht ersetzt werden können.

Es ist nicht die Absicht, in diesen Ausführungen auf Einzelheiten einzugehen. Nur Grundgedanken zu einem System sollen erörtert werden. Das Eingehen auf Einzelheiten würde zudem materiellen Reformfragen nicht aus dem Wege gehen können, deren Erörterung noch nicht an der Zeit ist oder die klare Linie des systematischen Grundgedankens nur stören würde. Diese aber scheint doch im Vergleich zu dem heute geltenden Rechtszustande erhebliche Vorteile in sich zu bergen. Die Möglichkeit der Existenz nicht eingetragener Vollkaufleute entfiele ebenso wie der Minderkaufmannsbegriff. Der Begriff „Formkaufmann" würde überflüssig. Die Streitfrage über die Kaufmannseigenschaft bei Personalgesellschaften fiele fort: Wer nicht leitet, ist auch nicht Kaufmann. Die Schwierigkeit, die mannigfaltigen Berufspflichten und -rechte des Kaufmanns zutreffend zuzuteilen, würde behoben. Sie träfen den Leiter eines Handelsunternehmens als solchen und nur diesen. Endlich würde auch das Handelsrecht aus der rein wirtschaftlichen, juristisch unpräzisen Abgrenzung befreit werden können, unter der es jetzt noch leidet, und es würde statt dessen in seinen Mittelpunkt eine Rechtserscheinung gesetzt werden, die sämtliche, die Eigenart des Handelsrechts gegenüber dem Bürgerlichen Recht begründenden Momente in sich vereinigt.

In der Diskussion wurde der Standpunkt des Vortragenden, daß die von ihm aufgeworfene Frage wissenschaftlicher Klärung bedürfe, allgemein gebilligt. Ebenso fand die Ansicht allgemeine Zustimmung, daß vor einer etwaigen Neuredaktion der Handelsgesetzgebung eine umfassende Erforschung des sogenannten „lebenden Rechts" nötig sein würde. Es wurde jedoch betont, daß nicht Behörden, sondern Forscher die eigentlichen Träger einer solchen Arbeit sein müßten, wenn man zum Ziel kommen wollte. Gegenüber den vom Vortragenden dargelegten Grundlinien eines neuen Systems des Handelsrechts trat vor allem die Auffassung hervor, daß man im Augenblick nicht vollkommen übersehen könne, ob damit die bisher vorhandenen Schwierigkeiten behoben und nicht nur an anderen Stellen Unzuträglichkeiten geschaffen würden, die von ihrer Annahme abschrecken müßten. Insbesondere wurde vor einer weiteren Ausschaltung der Persönlichkeit aus dem Handelsrecht gewarnt; auch wurde die Frage aufgeworfen, ob es gelingen werde, den Begriff „Handelsunternehmen" so eindeutig zu erfassen, daß er sich als Grundbegriff des Handelsrechts eigne. In diesem Zusammenhange wurde auf die Gefahr hingewiesen, die darin liegen könne, dem Registerrichter ein so gewichtiges Prüfungsrecht anzuvertrauen, da ja der Vorschlag des Vortragenden der Eintragung in das Handelsregister ausnahmslos konstitutive Wirkung zuschiebe. Von einigen Seiten wurde auch der Auffassung des Vortragenden widersprochen, daß der Begriff „Minderkaufmann" überflüssig sei; insbesondere wurde auf das Interesse des Großhandels an der Rügepflicht hingewiesen und auf die Bestrebungen gewisser Gruppen der Minderkaufleute, ein Firmenrecht zu erlangen. Anderseits kam jedoch auch in der Diskussion zum Ausdruck, daß die Vorschläge des Vortragenden nicht notwendig den geäußerten Bedenken unterliegen müßten. Es wurde insbesondere hervorgehoben, daß eine Ausschaltung der Persönlichkeit durch Verwirklichung dieser Vorschläge nicht zu befürchten sei, da ja Inhaber und Leiter der Handelsunternehmung nicht in materiell, sondern nur in systematisch veränderter Stellung auftreten sollten. Auch wurde wegen des Prüfungsrechts des Registerrichters auf den jetzigen § 2 HGB. verwiesen, der ohne wesentliche Anstände funktioniere und das gleiche Prüfungsrecht bereits enthalte. Der Vortragende selbst hob in seinem Schlußwort hervor, daß nicht die endgültige Beurteilung der von ihm dargelegten Gedanken, sondern nur ihre Aufnahme und weitere gründliche Prüfung in wissenschaftlicher Diskussion das Ziel seiner Ausführungen hätte sein können.

Über Goldklauseln und ähnliche Abreden zur Minderung des Valutarisikos.

Von

Professor Dr. Arthur Nussbaum

in Berlin.

Als ich an Stelle des durch plötzliche Erkrankung verhinderten Handelsredakteurs Herrn Bruno Buchwald, der über die Organisation der Handelspresse berichten sollte, den hier im Auszuge wiedergegebenen Vortrag über die Goldklauseln hielt, waren meine Untersuchungen noch nicht abgeschlossen. Inzwischen sind sie zu Ende geführt und erscheinen demnächst im Verlage von Walter de Gruyter & Co. als 1. Heft der von Professor Rabel herausgegebenen „Beiträge zum ausländischen und internationalen Privatrecht“ unter dem Titel: „Vertraglicher Schutz gegen Schwankungen des Geldwertes.“ In dieser Schrift ist der Gegenstand eingehend an der Hand der in- und ausländischen Rechtsprechung und Literatur behandelt. In dem Vortrage führte ich ungefähr folgendes aus:

Der Eindruck der ungeheuren Verluste, welche die Gläubiger und bisweilen auch die Schuldner in und nach dem Weltkriege durch die Schwankungen des Geldwerts erlitten haben, und die Fortdauer der vielfach noch ungefestigten Währungsverhältnisse haben, besonders bei langfristigen Geschäften des internationalen Verkehrs, bei den Parteien die Neigung hervorgerufen, sich vertraglich gegen Schwankungen des Geldwerts zu schützen. Diese Gewohnheit wird voraussichtlich bis in eine ferne Zukunft eine dauernde bleiben, ähnlich wie man sich im späten Mittelalter und weiterhin bis zum 18. Jahrhundert bei langwährenden Rechtsverhältnissen allgemein durch Vereinbarungen über Gewicht und Feingehalt der zu leistenden Goldmünzen oder durch Verwendung sogenannter Rechnungswährungen und auf andere Weise gegen die Folgen der üblichen Münzverschlechterungen zu sichern suchte. In der allerletzten Zeit hat das Thema des Vortrages besondere Aktualität dadurch erlangt, daß die amerikanischen Kreditgeber des verschuldeten Europas ihre Verträge grundsätzlich nicht anders als unter vertraglicher Valutasicherung abschließen — ein Brauch, der sich in den Vereinigten Staaten namentlich seit dem Sezessionskriege und der durch ihn hervorgerufenen Entwertung der „greenbacks" eingebürgert hat. Nun ist aber die rechtliche Tragweite der Goldklauseln und der sonstigen Vereinbarungen, die man zur Abwehr des Einflusses der Geldwertschwankungen ersonnen hat, viel schwerer zu beurteilen als man gemeinhin glaubt. Man sieht meist nicht die Lücken und Schwierigkeiten, die jenen Klauseln anhaften. Man denkt auch nicht an die Verschiedenheit der Rechtsauffassungen, die auf diesem durch wirtschaftspolitische Interessen stark beeinflußten Gebiet in den verschiedenen Ländern hervortreten. Eben deshalb läßt sich das auch geldtheoretisch anziehende Thema schon aus praktischen Rücksichten nicht anders als rechtsvergleichend behandeln.

Unter den in Betracht kommenden Vereinbarungen steht die Goldklausel an erster Stelle. Man versteht unter Goldklausel die Abrede, daß der Schuldner den in einer bestimmten Währung ausgedrückten Geldbetrag in Gold oder nach dem Goldwert zu leisten habe. Richtet sich die Abrede lediglich auf die Leistung von Goldmünzen, so spricht man von Goldmünzklausel. Hat der Schuldner dagegen den jeweiligen Goldwert in der vereinbarten Währung zu entrichten, so liegt eine Goldwertklausel vor. Möglich wäre auch die Übernahme der Verpflichtung zur Leistung einer dem Gewicht nach bestimmten Menge Goldes. Doch ist diese Form nicht üblich. Allerdings kommt ihr die amerikanische Vertragsformel nahe, der zufolge der Schuldner „x Dollar of the present standard of weight and fineness" zu leisten hat. Ein anderer Weg, sich gegen Geldwertschwankungen zu schützen, liegt darin, daß die Schuld in einer durch die Erfahrung als beständig erwiesenen Währung, vorzugsweise in Dollar, bestimmt wird. Derartige „Valutaschulden" können echte oder unechte sein, je nachdem der Gläubiger einen Anspruch auf die fremde Währung oder nur auf einen dem Kurse entsprechenden Betrag der (für den Schuldner) heimischen Währung erhält. Die echte Valutaschuld ist wiederum eine nicht effektive oder eine effektive, je nachdem dem Schuldner die „Substitutionsbefugnis", also die facultas alternativa zur Leistung heimischer Währung (vgl. § 244 Abs. 1 BGB.) gewährt ist oder nicht. Gern werden mehrere als besonders sicher geltende Währungen, etwa die amerikanische, englische und schweizerische zur Wahl des Gläubigers miteinander verbunden (alternative Währungsklausel); auch Kombinationen von Valuta- und Goldschuld kommen vor. Besonders in der Inflationszeit fand man häufig, daß Kaufpreise, Pachtzinsen, Arbeitslöhne u. dgl. in „Sachwerten" bestimmt wurden, und zwar meist so, daß der Schuldner einen entsprechenden Geldbetrag zu erbringen hatte; doch wurden bisweilen, namentlich in Pachtverträgen, auch unmittelbar Naturalleistungen ausbedungen. Ähnliche Erscheinungen haben sich in den letzten Jahren in Frankreich gezeigt. Nur eine Spielart der Berechnung nach Sachwerten ist die Zugrundelegung eines Index. Von dieser Möglichkeit ist vorzugsweise bei Arbeits- und vorübergehend auch bei Versicherungsverträgen Gebrauch gemacht worden.

Jede dieser Schutzabreden hat ihre spezifischen, rechtlichen und wirtschaftlichen Wirkungen. Aber diese können nur dann richtig gewürdigt werden, wenn sie sich auf einer allgemeinen und grundsätzlichen Betrachtung aufbauen. Zu einer solchen gibt insbesondere die französische Praxis Anlass, welche auf dem Standpunkt steht, daß alle Abreden, welche dem Schutz gegen Schwankungen des Franken dienen, mit dem Augenblick ihre Wirkung verlieren, in welchem die französischen Banknoten „Zwangskurs“ erhalten, d. h. trotz Annahmezwanges uneinlöslich werden. Denn jener Zwangskurs sei im öffentlichen Interesse geschaffen, die erwähnten Schutzabreden seien aber darauf gerichtet, die Wirkung des Zwangskurses aufzuheben. Bei dieser Auffassung, die den äußersten Gegensatz zu der extrem individualistischen Betrachtungsweise der deutschen Aufwertungsrechtsprechung darstellt, wird die Frage der Gültigkeit der Schutzklausel zu einem wichtigen Problem der allgemeinen Rechtslehre. Man kann den französischen Gerichten das Zeugnis nicht versagen, daß sie ihre Ansicht „jusqu'au bout“ durchgeführt haben. Sie haben nicht nur die Goldklauseln für unwirksam erklärt, sondern auch echte und unechte Valutaklauseln, ja sogar Sachwertklauseln, wie etwa bei einem Mietvertrag die Vereinbarung, daß die Höhe der Miete sich nach dem Pariser Preise für Mauersteine richten solle. Ausgenommen von diesem Grundsatz werden nur die „règlements extérieurs“ oder „internationaux“ — ein unklarer Begriff, durch welchen die französische Praxis den unerträglichen Folgen zu entgehen sucht, die sich aus der prinzipiellen Auffassung der Gerichte für den internationalen Kredit Frankreichs ergeben müßten. — Auch die französische Wissenschaft hat sich mit dem Problem eingehend auseinandergesetzt, das geradezu im Mittelpunkt des französischen zivilistischen Denkens der Nachkriegszeit steht. Fast alle führenden Privatrechtslehrer Frankreichs haben sich an der Diskussion, die wissenschaftlich sehr ergiebig gewesen ist, beteiligt. Im ganzen hat sich die französische Wissenschaft entschieden gegen die Praxis gestellt, freilich ohne bei ihr etwas zu erreichen. Außerhalb Frankreichs hat die Lehre, daß die Schutzklauseln und der Banknotenzwangskurs miteinander unvereinbar seien, nirgends Fuß fassen können, nicht einmal in Ländern wie Belgien, die unter dem Einfluß der französischen Rechtsbildung stehen

Doch fehlt es auch anderwärts keineswegs an Versuchen, den Schutzklauseln auf anderem Wege, namentlich durch Mittel der Auslegung, zu Leibe zu gehen. In diesen Zusammenhang gehört die Rechtsprechung des Reichsgerichts, der zufolge die Verpflichtung des Schuldners, in Goldmünzen zu leisten, angeblich nicht zugleich die Zusage enthalten soll, für den Goldwert aufzukommen. Gestützt auf den § 245 BGB. folgert das Reichsgericht daraus, daß die Goldmünzklausel ohne Rückstand wegfällt, wenn die Goldmünzen aus dem Verkehr verschwinden, d. h. also gerade in demjenigen Fall, für welchen sich der Gläubiger schützen wollte. Ähnliche Auslegungsversuche kommen allerdings auch in der ausländischen Rechtsprechung vor, und dem Tribunal Supérieur Colmar ist es vorbehalten geblieben, eine aus der deutschen Zeit stammende Goldklausel bei einer Hypothek auf einem elsaß-lothringischen Grundstück mit der Begründung für wirkungslos zu erklären, daß die Klausel nur eine „formule de rédaction et de pur style" darstelle.

Schließlich darf man bei der praktischen Würdigung der Klausel nicht außer Acht lassen, daß in kritischen Zeiten immer mit gesetzgeberischen Eingriffen zu rechnen ist, durch welche die Rechte der Gläubiger aus Goldklauseln und ähnlichen Abreden bedroht werden. Hierbei sprechen nicht nur Rücksichten auf den Schutz der Schuldner, sondern auch kriegswirtschaftliche Erwägungen mit, z. B. die Sorge um die Erhaltung eines inneren Goldschatzes. Eingriffe der genannten Art beruhen daher auf uralter Praxis; der Vortragende verwies darauf, daß die Republik Venedig bereits im Jahre 1517 die Aufhebung der Goldklauseln angeordnet hat. Die Nachkriegszeit hat in zahlreichen Ländern derartige Maßnahmen der Staatsgewalt gebracht, und es ist letzten Endes eine politische Machtfrage, wie weit der ausländische Gläubiger solche Beeinträchtigungen hinnehmen muß.

Zu dem materiellrechtlichen und gesetzpolitischen Bedenken treten nun aber gewichtige prozessuale Schwierigkeiten, welche die Frage der praktischen Durchführbarkeit der Schutzklauseln betreffen. Die englischen und amerikanischen Gerichte geben z. B. grundsätzlich nur Urteile auf £ bzw. Dollar; sie lehnen insbesondere die Verurteilung zur Zahlung in einer fremden Währung ab. Infolgedessen werden Umrechnungen notwendig, welche dem Zweck der Schutzklauseln zuwiderlaufen. Aber auch wenn nach dem im Einzelfall maßgebenden Prozeßrecht ein Urteil zu erlangen ist, welches dem Inhalt der Klausel entspricht, (auf Zahlung in Gold, in fremder Währung usw.), so stößt die Zwangsvollstreckung auf neue Klippen. Im allgemeinen sind die Zwangsvollstreckungsgesetze naturgemäß in erster Linie auf die Vollstreckung von Geldforderungen eingerichtet (vgl. ZPO. § 803ff.). Sind aber Forderungen auf fremde Währung und auf Zahlung in Goldmünzen noch als Geldforderungen anzusehen? Die Ansichten darüber gehen in den verschiedenen Ländern auseinander. Hinsichtlich der Schulden in fremder Währung hat die Rechtsprechung zum Teil bereits einen festen Standpunkt gewonnen. Bekanntlich werden in Deutschland Forderungen in fremder Währung als Geldforderungen behandelt. Erhebliche Bedenken bestehen aber bezüglich der Goldforderungen, wie denn überhaupt entgegen der populären Meinung die Unklarheiten und Schwierigkeiten bei dieser größer sind als bei den Valutaforderungen. Bei allen Schutzklauseln aber ist zu bedenken, daß die Vollstreckung, von ganz vereinzelten Ausnahmefällen abgesehen, letzten Endes immer nur Geld in der Währung des Vollstreckungsstaates erbringen kann. Hier entstehen nun große Zweifel wegen der Stichtage, die für die Umrechnung in die Schuldwährung maßgebend sein sollen. Unrichtig wäre die Annahme, daß schon kraft bürgerlichen Rechts der Gold- bzw. Valutagläubiger befugt wäre, bei Säumnis des Schuldners sich in Gold bzw. Devisen einzudecken, um den Schuldner dann für die Differenz verantwortlich zu machen. Eine derartige Verkehrssitte besteht vielleicht für den Gold- bzw. Devisenhandel, aber nicht ohne weiteres im Verhältnis zwischen Gläubiger und Schuldner. Dem Gläubiger wäre aber auch mit der Eindeckung wenig gedient, weil sich seine durch die Schutzklausel gesicherte Forderung mit der Eindeckung in eine ungesicherte verwandeln würde, die jetzt gerade im kritischen Zeitpunkt den Einwirkungen der Devisenkurs- bzw. Goldpreisschwankungen ausgesetzt wäre. Besonders zahlreich sind die Fährlichkeiten für den Goldmünzgläubiger. Denn wenn eine Geldentwertung eintritt, so ergehen meist Verbote des Agiohandels in Goldmünzen und andere staatliche oder gesellschaftliche Maßnahmen, durch welche die freie Verwertung der Goldmünzen gehindert wird. Auch von dieser Seite aus erscheint also die Sicherung des Goldgläubigers als eine fragwürdige, besonders wenn man mit dem Reichsgericht auf dem Standpunkt steht, daß die Goldklausel nicht ohne weiteres eine Goldwertklausel in sich schließe.

Zum Schluß wurde betont, daß ich mich nicht etwa gegen den Gebrauch der Schutzklauseln wenden wolle. Ich sei nur der Meinung, daß die mit den Klauseln zusammenhängenden Probleme bisher wenig untersucht seien, und daß es noch eines methodischen Ausbaues der ganzen Lehre bedürfe.

Satzung der Vereinigung der Handelsrechtslehrer deutscher Hochschulen vom 7. März 1927.

§ 1.

Die Vereinigung der deutschen Handelsrechtslehrer bezweckt:

1. das Handelsrecht und die ihm eng verwandten Gebiete (Seerecht, Versicherungsrecht usw.) durch mündliche Erörterungen und sonstige wissenschaftliche Veranstaltungen zu pflegen, insbesondere auf eindringende Behandlung des Handelsrechts an den Hochschulen auch nach der wirtschaftlichen, geschichtlichen, rechtsvergleichenden und handelstechnischen Seite hinzuwirken,

2. die Fühlung der deutschen Handelsrechtslehrer mit der Praxis des Wirtschaftslebens zu fördern,

3. zu wichtigen, allgemeinen hochschulpädagogischen Fragen des Handelsrechts und

4. in besonderen Fällen auch zu gesetzgeberischen Fragen des Handelsrechts nach außen Stellung zu nehmen.

§ 2.

Zum Eintritt in die Vereinigung sind die Rechtslehrer aufzufordern, die an einer deutschen Hochschule das Handelsrecht oder die mit ihm eng verwandten Gebiete regelmäßig vertreten und diese Rechtszweige durch Publikationen gefördert haben.

Der Vorstand kann außerdem einzelne geeignete Herren zur Teilnahme an den fachlichen Beratungen für den Einzelfall oder allgemein einladen.

§ 3.

Eine Mitgliederversammlung soll regelmäßig einmal im Jahr an einem vom Vorstand zu bestimmenden Ort, der möglichst handelsrechtliche Anregungen bietet, stattfinden. In dringenden Fällen können außerordentliche Versammlungen einberufen werden. Die Tagesordnung bestimmt der Vorstand.

Auf jeder ordentlichen Mitgliederversammlung muß mindestens ein wissenschaftlicher Vortrag gehalten werden. Zu den Vorträgen sind möglichst Korreferenten zu bestellen.

Als Vortragende können neben Mitgliedern auch Herren herangezogen werden, welche satzungsgemäß nicht die Mitgliedschaft erwerben können, insbesondere Vertreter anderer Zweige des Rechts, der Volkswirtschaft, der Betriebswissenschaft, kaufmännische Praktiker, Vertreter der Presse usw.

§ 4.

Der Vorstand der Vereinigung besteht aus dem Vorsitzenden, dem Schriftführer und dem Schatzmeister; der Vorsitzende wird im Behinderungsfalle durch das nächstälteste Mitglied vertreten. Der Vorstand wird am Schlusse jeder ordentlichen Mitgliederversammlung neu gewählt.

Der Vorstand kann sich zur Vorbereitung der Mitgliederversammlung durch zwei weitere Mitglieder verstärken; auch ist Selbstergänzung des Vorstandes zulässig, wenn während der Wahlperiode ein Mitglied des Vorstandes ausscheidet.

§ 5.

Die Mitgliederversammlung und im Bedarfsfalle der Vorstand können Ausschüsse zur Vorbereitung der Verhandlungen einsetzen.

§ 6.

Die Mitgliederversammlung beschließt mit einfacher absoluter Mehrheit der Anwesenden. Schriftliche Abstimmung bedarf $^2/_3$-Mehrheit der Mitglieder der Vereinigung oder des abstimmenden Ausschusses. Die Aufnahme der Mitglieder erfolgt durch einstimmigen Beschluß des Vorstandes und, falls ein solcher Beschluß nicht zustande kommt, durch einfache absolute Mehrheit der Mitglieder in der Versammlung oder in schriftlicher Abstimmung.

Im Falle einer öffentlichen Kundgebung müssen die Namen der zustimmenden Mitglieder unter das Schriftstück gesetzt oder darin genannt sein.

§ 7.

Der Jahresbeitrag beträgt 10 Mark.

MIX
Papier | Fördert gute Waldnutzung
FSC® C083411

Kolibri 360 GmbH
Ferdinand-Jühlke-Straße 7
99095 Erfurt, Deutschland
produktsicherheit@kolibri360.de